RECHERCHES

SUR LA CONSTITUTION

DE LA COMMUNE

A COLMAR

NOUVELLE ÉDITION

augmentée des listes nominatives des prévôts, bourgmestres

et obristmestres de Colmar

par

X. MOSSMANN

archiviste de la ville de Colmar, membre correspondant de la Société
industrielle de Mulhouse, associé-correspondant de la Société
des Antiquaires de France.

COLMAR

IMPRIMERIE Vve J. B. JUNG, ÉDITEUR

—

MDCCCLXXVIII

RECHERCHES

sur la

CONSTITUTION DE LA COMMUNE

à

COLMAR

Tiré à 3oo exemplaires.

RECHERCHES

SUR LA CONSTITUTION

DE LA COMMUNE

A COLMAR

NOUVELLE ÉDITION

augmentée des listes nominatives des prévôts, bourgmestres

et obristmestres de Colmar

par

X. MOSSMANN

archiviste de la ville de Colmar, membre correspondant de la Société
industrielle de Mulhouse, associé-correspondant de la Société
des Antiquaires de France.

COLMAR

IMPRIMERIE Vᵛᵉ J. B. JUNG, ÉDITEUR

—

MDCCCLXXVIII

A MONSIEUR I. CHAUFFOUR

Cher Monsieur,

Permettez-moi d'inscrire votre nom en tête d'un travail dont la première édition, publiée en 1863 dans le Bulletin de la Société pour la conservation des monuments historiques d'Alsace, *avait déjà paru sous vos auspices. J'exprimais alors le vœu que mon essai fût digne de vous. Grâce à mon retour aux archives, je crois pouvoir faire mieux aujourd'hui, et je manquerais à ce que je vous dois, si, pour étendre et compléter ces recherches, je ne profitais des nouveaux documents que j'ai groupés autour de mon sujet. Sous bien des rapports, elles vous paraîtront neuves : il n'y a que l'esprit historique qui les dictait, il y a plus de quinze ans, et le sentiment personnel dont elles s'inspiraient à votre égard, qui soient restés les mêmes.*

X. MOSSMANN.

Colmar, le 15 décembre 1877.

CORRECTIONS ET ADDITIONS

Page 1, ligne 10 : *supprimez la virgule.*

P. 2, l. 19 : ; *au lieu de* ,

P. 16, l. 13 : *supprimez* Mais.

P. 25, note 2 : interfuerunt *au lieu de* interfuernnt.

P. 27, note, l. 7 : pâturage *au lieu de* paturage.

P. 29, l. 17 : Louis V *au lieu de* Louis IV.

P. 31, l. 7 : biens, *supprimez* l's.

P. 34, l. 3 : frère *au lieu de* père.

P. 39, l. 4 : Otton *au lieu de* Léopold.

    note 2 : 253 *au lieu de* 258.

P. 56, l. 6 du bas : de le munir *au lieu de* la munir.

P. 66, l. 11 du bas : Otton *au lieu de* Othon.

    l. 14 du bas : provinces, *supprimer* l's.

P. 72, l. 5 du bas : merciers *au lieu de* marchands.

P. 75, l. 3 du bas : notamment *au lieu de* notammeut.

P. 88, l. 5 : Nortgasse *au lieu de* Nordgasse.

P. 89, l. 3 du bas : Hadstadt *au lieu de* Hattstadt.

    l. 7 du bas : *mettez* qui se retrouve *avant* dans la con-
firmation.

P. 102, l. 3 du bas : elles *au lieu de* elle.

P. 105, l. 6 : relâchées *au lieu de* relachées.

    l. 3 du bas : Louis le Noir *au lieu de* il.

    l. 8 du bas : consin, *lisez* cousin.

P. 132, l. 11 : dans le danger, présent, *mettez la virgule après*
présent.

P. 134, l. 12 : criminelles *au lieu de* communales.

P. 135, l. 9 et note 1, p. 139, l. 12 : préteur *au lieu de* prêteur.

P. 136, l. 10 : Jean *au lieu de* Matthieu.

RECHERCHES

SUR L'ANCIENNE CONSTITUTION

de la

COMMUNE A COLMAR

A constitution de la commune à Colmar, telle qu'elle a subsisté jusqu'à l'époque de la domination française, remonte au XIVe siècle. Elle est l'œuvre collective des corps de métiers et des empereurs; elle sortit d'une situation qui mit plus d'une fois en péril l'existence même de la cité. Il peut y avoir quelque intérêt à rechercher comment de la confusion de la plus affreuse anarchie, trois ou quatre générations de plébéiens, ont su tirer l'ordre et la sécurité dont leur travail avait besoin.

I

L suffira de rappeler ici en quelques mots l'origine de Colmar. L'épisode des deux bâtards sortis de son gynécée, raconté par le Moine de Saint-Gall, dans sa vie de Char-

lemagne (1), est le premier texte où nous rencontrons
le nom qui fut celui de notre cité.

En 823, Louis le Débonnaire détacha de son fisc
de Colmar une section de forêt au profit de l'abbaye
de Münster, au val de Saint-Grégoire (2).

En 865, un certain Richinus fit don à la même
abbaye d'une manse, avec les bâtiments, terres,
champs, prés, vignes, forêts, cours d'eau qui en
dépendaient, situés dans la *villa* et la marche de
Colmar (3).

En 903, le comte Luitfrid et ses fils, Huntfrid,
Luitfrid et Hugues, firent don à l'abbaye de Saint-
Trudpert, dans la Forêt-Noire, d'une autre manse
également située à Colmar (4).

D'après ce petit nombre de faits, il paraît que
sous les rois de la seconde race, Colmar était une
de ces fermes appartenant au fisc, dont l'exploita-
tion et l'administration tenaient si fort à cœur à
Charlemagne, que de la ferme dépendait un certain
nombre de manses dont les tenanciers pouvaient
disposer en toute propriété, même avant le capitu-
laire de Kiersi, de 877, et que l'on est par consé-
quent autorisé à considérer comme des terres allo-
diales. Si on en juge par les antiquités trouvées à
diverses reprises sur le territoire de Colmar, par des
sépultures où se rencontrent simultanément les deux
méthodes d'incinération et d'ensevelissement, il est
permis de faire remonter ces établissements jusqu'à
l'époque romaine. Tout porte à croire que les der-

1. *Gesta Karoli magni, lib. II, apud Pertz. Scriptor.,* t. II,
p. 749.
2. Schœpflin, *Als. diplom.* t. I, p. 69.
3. *Ibidem*, p. 474.
4. *Ibidem*, p. 101.

niers empereurs, dont l'autorité s'exerça dans cette partie des Gaules, y introduisirent des Francs ou des Burgondes à titre de soldats bénéficiaires, et le nom de *hube*, traduction fort peu équivoque du latin *caput*, qui se retrouve d'une part dans l'un des titres que je viens de citer, d'autre part dans la désignation de plusieurs cantons de la banlieue de Colmar, indique manifestement un partage de terres fait selon les principes du cadastre romain, entre des populations d'origine germanique (1).

Une sentence de l'empereur Frédéric II, rendue à Colmar le 3 des nones d'octobre (5 octobre) 1185, eut pour témoins, entre autres, Dietrich de Girsberg et ses frères, Charles d'Eguisheim, Algot de Türkheim, Rodolphe, Nordewin, Immon et Burcard, chevaliers de Colmar (2). Ce sont les premiers représentants de cette noblesse qui fut un si grand obstacle au développement de la commune.

II

L'ÉRECTION de Colmar en cité est l'œuvre de Wolfhell, prévôt de Haguenau, qui entoura de murs le groupe principal des habitations et rendit possible une agglomération de plébéiens en dehors des manoirs fortifiés des successeurs des premiers tenanciers bar-

1. M. Baudi di Vesme, cité par M. Ed. Laboulaye, a prouvé dans un mémoire sur les impôts de la Gaule, que le mot *capita* désigne des unités cadastrales, des lots de terre d'inégale étendue, mais d'une valeur ou d'un revenu uniforme. (*Journal des débats* du 14 octobre 1860.)

2. *Als. diplom.*, t. I, p. 234.

bares. Une vente de communaux, faite en l'année
1214 par les bourgeois de Colmar à l'abbaye
de Pæris, de l'ordre de Cîteaux, fut sans doute
déterminée par la nécessité de créer des ressources
pour cette entreprise. Cet acte, le plus ancien que
l'on connaisse au nom de la commune, ne mentionne cependant pas une administration proprement dite. La vente se fait simplement par Louis,
André, Ehrenfrid de Girsberg, sept autres chevaliers et huit bourgeois, agissant au nom du reste de
la communauté (1). Est-ce aller trop loin que de conclure de la participation des plébéiens à un acte de
ce genre, qu'ils étaient dès cette époque admis à la
jouissance des biens communaux ?

Cette vente fut approuvée la même année par
l'empereur Frédéric II, sur la demande des religieux
de Pæris. Le diplôme, daté de Bâle, se borne à
parler de l'aliénation d'une partie de communal
faite par les bourgeois de Colmar, du consentement
des prévôts de l'église de Constance et de l'abbaye
de Payerne, au diocèse de Lausanne (2). On sait que
l'église de Constance et l'abbaye de Payerne étaient

1. .... « *Nos burgenses columbarienses, videlicet Lodowicus,
Andreas, Erenfridus de Girsperch, Waltherus iuvenis, Waltherus Kurzo et frater eius Wernerus, Henricus de Scovnowe,
Rodolfus dives, Diethmarus, Conradus de Phaffenheim, milites ;
Waltherus, Waltherus Thelonearij, Rodolfus Zukeshach, Rodolfus Hauenblast, Conradus de Lapide, Sifridus Haltferme,
Rodolfus de Appenwilre, Waltherus Buoullin, burgenses, et per
nos alij in columbariensium* (sic) *manentes.* » .... (Original
aux archives du Haut-Rhin, fonds de Pæris.)

2. .... « *A burgensibus columbariensibus emerunt.* » ....
(Original aux archives du Haut-Rhin, ibid.)

Ce diplôme, de même que l'acte de vente, n'a d'autre date
que le millésime.

devenues à Colmar les ayants-droit de l'ancien fisc royal.

Leur ingérence, dans ce contrat, mérite d'être remarqué. Non pas qu'il y faille voir encore un reste de leur suprématie sur la commune, comme héritiers et successeurs des Carlovingiens : il est probable qu'à cette date leur aveu ne fut requis qu'en leur qualité de participants du patrimoine indivis, de l'*allemend* qu'on démembrait; mais parce que cette intervention nous laisse encore deviner leur rôle dans les origines de la cité. En attendant qu'il me soit donné de l'étudier de plus près, qu'on me permette de citer un seul fait.

Le tonlieu (*teloneum*) était, comme on sait, un droit qui se prélevait pour la place où les marchandises et les denrées étaient étalées en vente. Il existait à Colmar, et son produit a été longtemps perçu de compte à demi par le prieuré de Payerne et par la prévôté de Constance. Par deux contrats avec contre-lettres, l'un du 28 février—31 mars 1371, avec Payerne, l'autre du 26 août—1ᵉʳ septembre de la même année avec Constance, la ville de Colmar prit la perception de ce droit en bail emphytéotique, moyennant un abonnement annuel de soixante florins d'or au profit de chacun des deux bailleurs (1). Cette redevance fut fidèlement acquittée entre les mains du prévôt de Constance, et on en trouve encore des traces jusque dans la seconde moitié du XVIIᵉ siècle. Par contre elle disparut de bonne heure dans les comptes de la ville avec Payerne. Or le tonlieu, tel qu'il est défini, suppose l'existence d'un marché public, et à Colmar ce marché ne peut

1. Archives de Colmar, CC. Tonlieu.

être que celui du jeudi, dont l'ancienneté n'a jamais été contestée, et que nous faisons remonter ainsi jusqu'à l'époque où les deux établissements, la cour supérieure de Saint-Pierre ou de Payerne, la cour inférieure ou de Constance, étaient encore indivis, c'est-à-dire jusqu'au temps de l'antique fisc de Charlemagne. Tel était le respect qui s'attachait à l'institution de ce marché que, pendant longtemps, il prima les fêtes religieuses, qui ne le déplaçaient pas, quand elles tombaient sur le jeudi : il fallut l'invasion des Armagnacs et l'espoir de désarmer le ciel, qui avait envoyé ce fléau, pour faire rendre au magistrat, le 2 octobre 1444, un décret qui transféra au jour suivant les marchés qui tombaient sur l'Ascension et la Fête-Dieu (1).

Dans une transaction du mois de juillet 1226, entre la nouvelle cité et l'abbaye de Payerne, la commune se trouve représentée par un conseil, dont les membres (*consules*), au nombre de douze, siégeant en justice sous la présidence de Walther de Sigolzheim, sont désignés nominativement. Plusieurs d'entre eux appartiennent à des familles nobles de la haute Alsace (2). Il est permis de voir dans ce conseil et dans son chef la forme primitive de l'administration et de la justice communales. Nous retrouverons

1. X. Mossmann, Matériaux pour servir à l'histoire de l'invasion des Armagnacs. (*Revue d'Alsace*, année 1875, p. 169.)

2. « *Hanc compositionem nos consules, ego Lvdovicvs de Thainchein, ego Ginseler milites, ego Henricus comes Salmorum, ego Otho de Wetthelshein, ego Conradus Bulstrich, ego Wolmarus filius Christiani, ego Fridericus Tichman, ego Hechardus de Herinchein, ego Hoso de Sonlowe, ego Siguebertus, ego Waltherus de Capella, ego Wernerus Inger, burgenses, totaque communitas Columbarie, ratam et gratam*

plusieurs fois encore, dans le courant de ce siècle, le même nombre de conseillers, et il me paraît certain que leur président n'est autre que le prévôt. J'ai sous les yeux un titre qui ne laisse aucun doute sur ce point.

En 1233, le prévôt de Haguenau, désigné seulement par l'initiale W. (Wolfhell?), sur la demande des religieux de Pæris, confirma une donation de certaines vignes, faite en leur faveur et pour le salut de son âme, par Walther, jadis prévôt de Colmar, qui ne peut être que ce Walther de Sigolzheim, mentionné dans la transaction de 1226 (1).

Cependant je dois reconnaître que d'autres chartes presque contemporaines pourraient faire planer des doutes sur l'identité du président du corps muni-

habentes.... *Domino Waltero de Sigolseim nobis in iusticia presidente.*» (Archives de Colmar, *vidimus de 1302; cf. Als. diplom.*, t. I, p. 356.

On trouve dans l'obituaire de Pæris (archives du Haut-Rhin) que *Henricus miles de Salm* est enterré dans cette abbaye. Serait-ce le même que *Henricus comes Salmorum?* On trouve un *Henricus de Salmis*, fils du comte Hermann *de Salmis*, qui avait épousé la sœur de Frédéric Ier, comte de Ferrette, *in Chronica Alberici Trium fontium, ad ann.* 1158, cité par Trouillat, Mon. de l'histoire de l'évêché de Bâle, t. III, p. 667.

1. « *Abbas et conventus de paris....nobis humiliter supplicauerunt ut donationem quarvndam vinearum que pro remedio anime Walterj quondam sculteti columbarie eis collate svnt, confirmare velimus.* »

Les termes de la confirmation, empruntés à la chancellerie impériale, font voir de quel caractère le prévôt de Haguenau était revêtu : ....« *Easdem vineas auctoritate regia dicto conventuj....sigillo civitatis nostre confirmamus. Quisquis igitur contra hanc nostre confirmationis paginam eos super donatione predicta uexare presumpserit, sciat se indignationem regiam jncurrisse.* » (Archives du Haut-Rhin, fonds de Pæris.)

cipal et du prévôt. Ainsi on trouve un acte de 1249, par lequel Stéphanie, veuve du chevalier Ortlieb d'Epfig, fait don aux religieuses d'Unterlinden de ses biens patrimoniaux de Bischwihr. Cette donation fut passée, avec l'assistance du frère de la donatrice Gontram de Mittelnheim, son tuteur ou son avoué, devant le tribunal de Colmar, présidé par Conrad de Bebelnheim, en qualité de vicaire de Jean le prévôt et en présence de ses assesseurs, au nombre de douze (1).

Un autre document sans date, mais probablement de la même année et du même jour, reproduit la même mention quant au président du tribunal. C'est un acte par lequel le même chevalier Gontram de Mittelnheim qui figure dans la donation précédente, renonce à une rente de quinze quartaux de seigle que les religieuses d'Unterlinden lui servaient du vivant de sa mère Agnès de Mittelnheim, l'une des fondatrices et alors encore prieure de leur maison (2). Mais il faut remarquer qu'il s'agit ici,

1. *Acta sunt hec anno dominj M.cc.xlix in Columbaria, presidente jvdicio Conrado de Bebilinheim, tunc vicario Johannis Scultetj ibidem.... presentibus pluribus tam militibus quam aliis fide dignis, videlicet Hessone curʒin, Burchardo filio Anne, Conrado de Nordgasce, Marcwardo ce me rueste, Conrado sculteto de Kaisirsber, Magistro Johanne de Gerstenberc, Conrado crewel, Immone de lapide, Conrado dicto Asinus, Conrado theloneario, Friderico Romano, Conrado Weibil et pluribus aliis fide dignis.* (Archives du Haut-Rhin, fonds d'Unterlinden.)

2. *Ita protestatus sum in Columbaria, presidente iudicio Conrado de Bebilinheim, tunc vicario Johannis Sculteti ibidem, presentibus pluribus tam militibus quam aliis ciuibus fide dignis, videlicet Hessone Curʒin, Burchardo filio Anne, Conrado de Nortgascin, Marcwardo ce me Ruesten, Conrado Sculteto de*

non du conseil, mais du tribunal, et il est tout naturel que le prévôt qui présidait le premier, ait eu un délégué pour présider le second.

Colmar prit de bonne heure un certain développement dans l'enceinte de ses murs. Avant le milieu du siècle, nous y trouvons établis le chapitre de Saint-Martin, la commanderie de Saint-Jean, le couvent des frères Déchaux, l'hôpital, peu après le couvent d'Unterlinden et celui des Dominicains. C'est à cette dernière maison que l'Alsace et l'Allemagne doivent un des documents historiques les plus importants de cette époque, les Annales et la Chronique des Dominicains de Colmar, dont M. G.-H. Pertz a publié, en 1861, une nouvelle édition dans la grande collection des *Monumenta Germaniæ historica*, à laquelle il n'a manqué de la part de l'éditeur qu'une connaissance plus exacte des lieux et des chartes. Les Annales mineures et majeures et la Chronique renferment plusieurs faits relatifs à l'histoire de notre ville; j'y aurai recours, et peut-être en y rattachant quelques pièces d'archives, sera-t-il possible de jeter sur ces faits plus d'intérêt et de lumière.

III

JE ne m'arrêterai pas à l'histoire du prévôt Jean Rœsselmann, que la Chronique nous a conservée avec assez de détails (1), quoique l'on s'accorde à y voir un épisode ou même

Kaisirsberch, Magistro J. de Geizeberc, Conrado Crewil, Immone de lapide, Conrado dicto Esel, Conrado Theloneario, Friderico gallico, Conrado Weibel et aliis quam pluribus fide dignis. (Archives du Haut-Rhin, fonds d'Unterlinden.)

1. *Chronicum Colmar. apud Pertz, Script*, t. XVII, p. 254.

l'origine des luttes des corps de métiers et des patriciens. Quoi qu'il en soit, sa mort, en 1262, fut vengée par le massacre de beaucoup de chevaliers, disent les Annales (1), de plus de vingt nobles, dit la Chronique (2), et l'affaiblissement de la noblesse qui s'ensuivit, doit avoir facilité les triomphes obtenus par les plébéiens quelques années plus tard.

Sous la date du 7 juillet 1278, nous trouvons un acte par lequel Colmar, à la demande de Rodolphe de Habsbourg, renonce à tous ses droits sur une partie de communal dont la commanderie de Saint-Jean avait la jouissance. Ces actes d'aliénation, dressés à la diligence des maisons qui en bénéficiaient, sont ordinairement rédigés dans une forme et avec des précautions qui les rendent très utiles pour l'histoire. Dans celui de 1278, on trouve dénommés le prévôt Sigfrid de Gundolsheim et douze conseillers, parmi lesquels figurent Walther, prévôt de Kaysersberg, Louis, prévôt de Türkheim, Walther, fils du prévôt, ainsi que Werner Walch et Conrad de Nortgasse, dont nous verrons plus loin la fin tragique, tous qualifiés de seigneurs, puis, à leur suite, dix plébéiens et les autres bourgeois de Colmar (3).

1. *Ann. min.*, ibid. p. 19.
2. *Chron.*, ibid. p. 254.
3. *Nos Sifridus scultetus dictus de Gundolzheim et consules infra scripti : Dominus Waltherus sculthetus de Keisirsberg et Dominus Ortlibus frater suus, Dominus Ludewicus scultetus de Duringheim et Dominus Vlricus frater suus, Dominus Otto de Ylzih et Dominus Vlricus frater suus, Dominus Nycolaus de Columbaria, Dominus Waltherus filius sculteti, Dominus Wernherus Walch. Dominus Hesse de Kœnsheim, Dominus Conradus de Nortgazzen et Dominus Wernherus frater suus, item Wernherus Bart, Erlewin, Sifridus Kussephenning,*

Le prévôt, Sigfrid de Gundolsheim, appartient plus particulièrement à mon sujet. Les Annales citent son voyage à Vienne, à la cour de Rodolphe de Habsbourg, d'où il revint au commencement de l'année 1279, comblé des faveurs impériales *(prospera cum fortuna)* (1).

Parmi ces faveurs, il faut sans doute comprendre le statut municipal de Colmar, daté de Vienne, jeudi avant le jour de l'an (29 décembre) 1278, précédé d'un considérant qui établit d'une manière remarquable comment l'empereur, issu de l'anarchie du grand interrègne, comprenait sa souveraineté.

« Les réflexions et la prévoyance de la majesté royale, d'où découle et sur laquelle repose tout droit, doivent tendre à établir des lois telles que les hommes de bien et innocents puissent vivre en paix, et les méchants et les dangereux être atteints de la vengeance des lois, suivant les crimes qu'ils commettent (2). »

Conradus Weibil, Cuno de Limberg, Heinricus Lösser, Heinricus de Waʒilnheim, Ruger Muchtler, Waltherus de Wofinheim, Babist de Brisach, ceterique cives columbarienses.
Dans le corps de l'acte, la commune déclare renoncer sur les parcelles concédées « *omni actioni et exceptioni, omnique iuris auxilio canonici, ciuilis ac consuetudinarij.* » Cette aliénation reçut l'approbation de Rodolphe de Habsbourg, par diplôme daté de Vienne, 3 des nones de mars (5 mars) 1279. (Archives du Haut-Rhin, fonds de Saint-Jean de Colmar.)

1. *Ann. maj.* l. c. p. 204.

2. Archives de Colmar, AA. Constitution; cf. J. Trouillat, l. c., t. II, pp. 299 et sqq., qui a publié cette charte pour la première fois. Adolphe de Nassau, en renouvelant presque textuellement ce diplôme (Rothweil, 15 février 1293), reproduisit le considérant en question; v. *Als. diplom.*, t. II, p. 55, et Trouillat, t. II, p. 350.

Ce considérant va bien au chef d'une famille qui a si souvent essayé de concentrer les pouvoirs publics en Allemagne et dans ses états ; mais il forme un singulier contraste avec les fréquentes révoltes de Colmar contre l'autorité impériale. Colmar ne s'est jamais soumis qu'en fait à cette interprétation du droit souverain, et sa constitution intérieure a gardé jusqu'à la fin, de même que ses rapports avec l'Empire, un sens peu conforme au symbole politique de Rodolphe de Habsbourg.

Il ne m'appartient pas du reste d'étudier ici sa charte. Qu'on me permette cependant d'en relever quelques dispositions dont l'historien ne saurait méconnaître la portée.

L'un des premiers articles stipule que s'il éclate une guerre entre les bourgeois, ni le seigneur de la ville, ni le juge, c'est-à-dire le prévôt, ne pourront contraindre l'une ou l'autre des parties à en porter plainte, ni exercer aucune action publique de leur chef (1).

La compétence que ce paragraphe attribue au seigneur de la ville, concuremment avec le prévôt impérial, semble au premier abord incompréhensible. On ne peut s'expliquer une juridiction indépendante de celle du prévôt ou même supérieure, que dément tout ce que nous savons de l'immédiateté de la ville. N'était-elle pas affranchie de toute autre supé-

---

1. *Wurt dekein crieg ʒwuschen den burgern, dar vmbe sol weder der stete herre, noch der rihter niemannen twingen daʒ er daʒ clage, vnd sol eʒ och weder der herre noch der rihter clagen : wirt eʒ aber dem herren oder dem rihter geclaget, so mac der herre oder der rihter wol bereden daʒ eʒ inen geclaget wurde vnd och die halsuene.* (Archives de Colmar, AA. Ibid.)

riorité que de celle de l'Empire, et comment, dans une constitution communale émanant de l'empereur, pouvait-il être question d'une seigneurie différente de la sienne ? En plaçant le juge après le seigneur, n'y avait-il pas la prétention de rendre celui-ci juge en appel de celui-là ? Mais comment accorder cette interprétation avec l'article qui accorde aux justiciables la faculté de porter leurs appels devant les villes pourvues du même code que Colmar, ou bien de les faire juger selon les prescriptions du droit de Cologne (1)? On ne peut se tirer de ces difficultés qu'en admettant que, dans le paragraphe en question, Rodolphe de Habsbourg, en tant qu'empereur électif, se visait lui-même comme landgrave héréditaire de la haute Alsace. Dans ce modeste alinéa, nous reconnaîtrons donc une première tentative pour subroger subrepticement à Colmar la maison d'Autriche aux droits de l'Empire, et le point de départ des entreprises contre lesquelles notre ville s'est soulevée à deux reprises, à peu d'années de là, en 1285 et en 1293.

Un autre article accorde aux bourgeois la faculté de recevoir et de posséder n'importe quels fiefs (2).

Cette disposition est commune à d'autres chartes communales, et il s'est trouvé des auteurs qui ont vu là une marque de la considération particulière que le prince portait aux habitants. Cependant en

1. *Wurt dehein missehelle vnder den burgern an gerihte vmbe dehein vrteil ʒe sprechende, so mvgen si wol vmbe daʒ selbe vrteil, obe si wellent, komen an die anderen stete die och iriv reht hant, oder man sol eʒ enden nach der reht von Kolne, ob si wellent.* (Ibid.)

2. *Dar ʒv tvon wir vnsern burgern die gnade daʒ si allerhande lehen empfahen vnd haben mvgen.* (Ibid.)

y regardant de près, en se rappelant les devoirs qu'un vassal contractait envers le suzerain, on se demande si cette faveur n'avait pas plutôt pour but et pour effet d'introduire dans la cité impériale une catégorie de bourgeois qui, sous peine de forfaiture et de déchéance, mettraient toujours l'accomplissement de leur devoir féodal au-dessus de toute autre obligation, même de celle qu'ils avaient contractée envers la cité ?

Si, dans la constitution de Rodolphe de Habsbourg, cette disposition ouvrait toute grande la porte aux troubles intérieurs et à l'anarchie, d'autres permettraient d'y porter remède. Tel est le pouvoir que la charte accorde à la commune d'établir des règlements de police avec sanction pénale (1). Ce fut l'origine d'une sorte de droit législatif, dont la ville s'arma souvent pour étendre son action et rétablir l'ordre.

IV

JE reviens au prévôt Sigfrid de Gundolsheim. A peine de retour de Vienne, il commença la construction d'un château. Les Annales majeures prétendent que c'est celui du Hohenack et donnent le lendemain de la Purification (3 février) comme date des premiers travaux. Cette entreprise avait sans doute un caractère menaçant pour Colmar ; car elles ajoutent que, trois jours après, la meilleure des cloches de la paroisse se

1. *Vber diҙ alleҙ mvgent die burger von Colmer vber sich selben einunge seҙҙen, alse si dunkit daҙ eҙ in selben vnd der stete nvoҙҙe si.* (Ibid.)

rompit. (1) Mais il y a dans ce texte une erreur manifeste que les Annales mineures permettent de rectifier. (2) Il s'agit non du Hohenack, qui est à quinze ou vingt kilomètres de Colmar, dont les issues n'aboutissent même pas dans la banlieue et qui n'a jamais pu être dangereux pour notre ville, mais du Hohlandsberg. Construit sur l'une des sommités les plus élevées de la première ligne des Vosges, la plus rapprochée de Colmar et d'où l'œil découvre les moindres mouvements de la plaine, ce fort pouvait devenir un réduit très-sûr et une excellente base d'opération dans une guerre contre Colmar. L'usage qu'on pouvait faire de ces importantes murailles n'échappa sans doute pas aux bourgeois, et c'est à ces appréhensions qu'il est permis de rattacher les complots qui se formèrent contre la vie du prévôt, l'année même où il en jeta les fondations: il paraît même qu'il s'agissait d'un massacre général de ses adhérents ; quoi qu'il en soit, les conspirateurs furent découverts, expulsés de la ville et l'un d'eux fut même condamné à mourir sur la roue. (3)

Il faut sans doute rattacher au même ordre de faits la captivité de deux clercs, l'un noble de Girsberg, curé de Logelnheim, l'autre noble de Nortgasse, curé d'Ostein ou d'Ostheim, faits prisonniers, en 1280, par les Colmariens. L'évêque de Bâle intervint et réclama la liberté de ses deux prêtres ; mais elle lui fut refusée. Pour punir les bourgeois de leur résistance, il mit la ville en interdit. En même temps le sire de Ribaupierre lui déclara la guerre et s'em-

1. Pertz, *Script.*, ibidem p. 204.
2. Ibidem, p. 192.
3. Ibidem, p. 205.

para de tous les bourgeois qui se laissèrent sur-
prendre hors des murs. De son côté le prévôt fit
prisonnier un noble de Ruest (*Rustarium*) et un
autre Nortgasse, seigneur de Kerzfeld. Cette situation ne pouvait longtemps durer. La ville se récon-
cilia avec son évêque, et dès le 25 juillet, jour de la
Saint-Jacques, les églises furent rouvertes au culte. (1)
Quand à Sigfrid de Gundolsheim, dont les entreprises paraissent avoir été la cause première de ces
voies de fait, le grand bailli Othon d'Ochsenstein se
transporta, en 1281, à Colmar et déposa le prévôt, à
la grande satisfaction de ceux qu'il était censé avoir
molestés (*creditur perturbasse*) (2). Mais la lutte ne
discontinua pas pour cela. Les Annales mentionnent
la mise en liberté de ce même noble de Ruest
(*Cunƶo Rustarius*) que Sigfrid avait emprisonné
l'année précédente ; mais un autre noble, Gontram
de Girsberg, tomba dans une embûche qu'un de
ses ennemis, l'ancien prévôt sans doute, lui avait
dressée (3). Par contre Wernher Walch et Conrad
de Nortgasse, qui figurent dans l'acte du 7 juillet
1278, comme membres du conseil, furent tués l'un
et l'autre, le 24 juillet, par les Colmariens (4). Le
nouveau château de Hohlandsberg, où l'ancien prévôt s'était réfugié, joua dans ces troubles sanglants
un rôle conforme à sa destination : il fut assiégé par
le grand bailli et par les bourgeois de Colmar, qui
s'en emparèrent le jour de la Saint-Nicolas. (5)
Cependant Sigfrid de Gundolsheim ne disparut pas

1. *Ann. maj.*, ibid. p. 206.
2. Ibidem, p. 207.
3. Ibidem.
4. Ibidem, p. 208.
5. Ibidem.

immédiatement de la scène. La Chronique d'Ellen-
hard (1) nous apprend qu'il tomba à son tour sous
les coups des sires de Girsberg, et que, pour venger
sa mort, Rodolphe de Habsbourg fit lui-même, vers
la fin de 1289, le siége de leur château (2).

1. Pertz *Script.*, ibidem p. 132.

2. Le Hohlandsberg était l'un des quatre fiefs castraux de la
mouvance du bailliage d'Ensisheim, et l'Urbaire ou relevé des
produits et revenus des ducs d'Autriche dans la haute Alsace
en 1303, dressé par Burcard de Vrick ou de Frick, énumère
les nobles qui lui devaient le service féodal; parmi eux se
trouvent la plupart des patriciens de Colmar que nous rencontrons dans les chartes de cette époque : *Diʒ sint die
Bvrgman die ʒe Lantʒberg hœrent : her Kvonʒman ʒe Ruost
(Cunʒo Rustarius?), Her Lutwig von Turinghein, Her Johans
von Norgassen, Her Ruotlieb sin bruoder, Her Johans der
Schultheiʒ von Kolmer, Her Volrich von Ilʒich, Hern Ruost-
heins svn von Morswilr, Her Walther von Kaisersperg.*
Cf. Trouillat, t. III, p. 65.

La construction du château autrichien de Hohlandsberg
paraît avoir amené l'abandon du château de Blicksberg, qui
appartenait à l'Empire et qui, jusqu'à la fin du XIIIᵉ siècle,
semble avoir été l'une des résidences du grand bailli d'Alsace.
Les *Annales basil.* (Pertz, *Script.* t. XVII, p. 200) mentionnent,
sous la date du 23 septembre 1276, la mort au château de
Blicksberg d'une fille du comte de Ferrette, mariée au grand
bailli Conrad-Werner de Hattstadt. Dans un diplôme inédit
de l'empereur Frédéric II, daté de Haguenau, 17 mai 1220
(Arch. du Haut-Rhin, fonds de Pæris) il est question d'un
Fridericus de Schowinburc (Schauenburg), alors défunt, *noster
ministerialis et procurator jn Blickisberc et jn Alsacia.* C'est
le plus ancien texte où figure ce château.

Avec l'abandon du Blicksberg coïncide sans doute le trans-
fert au château de Hohlandsberg et à la maison d'Autriche
d'une partie des droits qui compétaient à l'Empire sur la
reichsvogtei de Kaysersberg, ou du moins une certaine confusion de leurs droits réciproques.

3

V

Ū jour même où la ville de Colmar et le bailli provincial s'emparèrent du Hohlandsberg, le 6 décembre 1281, jour de Saint-Nicolas, nous trouvons une concession d'une nouvelle partie de communal à la commanderie de Saint-Jean, à titre de bail héréditaire, qui nous donne le nom du prévôt qui avait succédé à Sigfrid de Gundolsheim : c'est Conrad de Kaysersberg. Ici encore le prévôt est assisté de douze conseillers, dont seulement quatre nobles contre huit plébéiens (1).

Les prévôts duraient peu. Une donation au profit des religieuses d'Unterlinden, datée de la veille de la Saint-Matthieu (20 septembre) 1282, et passée devant le prévôt et le conseil (2), nous montre en fonctions le fameux Walther, fils de ce Jean Rœsselmann tué en 1262, et dont le nom se retrouve parmi ceux des conseillers dans plusieurs actes antérieurs. La Chronique, en parlant de son institution comme ayant suivi l'élection de Rodolphe à l'Empire, commet une erreur manifeste (3).

---

1. *Wir Cuonrat von Keiserspere, Schultheiʒe ʒe Kolmer, mit rate Heren Lvdewiges von Durenkein, Heren Hessen von Kovnshein, Heren Volriches von Ilʒihe, Heren Walthers Schultheiʒen, Sifrides Kussephenninges, Erlewines, Johannes Vronevischers, Meiger Rvotliebes, Johannes Hirsers, Johannes Trasianes, Heinriches von Yebenshein vnd Schillinges des Kremers, die do des rates waren, und mit gemeinem rate der andern vnserre burger.* Un diplôme, daté de l'année 1282, à Wissembourg, donne l'approbation impériale à cette aliénation. (Archives du Haut-Rhin, fonds de la commanderie de Saint-Jean.)

2. Archives du Haut-Rhin, fonds d'Unterlinden.

3. *Apud* Pertz *Script.*, p. 254. Deux donations au profit

Du vendredi avant la Saint-Jean (18 juin) 1283, nous trouvons un autre acte émanant d'Othon d'Ochsenstein, bailli provincial, et de Walther, prévôt de Colmar, et qui engage, à titre d'emphytéose, de nouvelles parcelles de communal à la commanderie de Saint-Jean (1). On y mentionne également les conseillers assesseurs ; les huit plébéiens de 1281 dans le même ordre, mais des quatre conseillers nobles de cette époque, il n'en reste qu'un seul, Ulrich d'Illzach, le même sans doute à qui Henri de Ribaupierre inféoda, le 6 juin 1297, sa part d'une cour et d'une maison fortifiée (*wighus*) sises à Colmar (2). D'après ce document il paraîtrait donc, d'une part, que le conseil ne fût pas renouvelé du 6 décembre 1281 au 18 juin 1283, malgré le changement de prévôt ; d'autre part que les conseillers nobles se trouvaient à peu près éliminés de fait, ou que mécontents du rôle auquel ils étaient réduits, ils s'abstenaient volontairement de participer même aux actes les plus sérieux de l'administration communale.

d'Unterlinden, l'une de l'année 1264, l'autre de l'année 1274, mentionnent l'une et l'autre comme prévôt *Heisse* ou *Hesse von Konsheim.*

1. *Wir Otthe von Ochsensthein, Landfoget des Romeschen Kvneges Rudolfes in Elsaʒe, vnde Herre Walther der Schultheiʒe ʒv Kolmer, mit rate Heren Volriches von Ylʒiche, Sifrides Kvssephenniges, Erlewines, Johannes Vronewischers, Meyger Rvtlibes, Johannes Hirsers, Johannes Trasianes, Heinriches von Yebensheim vnd Schillinges des Kremers, die do des rates waren, und mit gemeinem rate der andern vnserre Burger.* (Archives du Haut-Rhin, fonds de la commanderie.) L'approbation impériale manque à cet acte : la présence du bailli provincial en tenait sans doute lieu.

2. *Als. diplom.*, t. II, p. 66.

Que l'abstention ait été volontaire ou forcée, il n'en est pas moins vrai que l'abaissement du parti noble coïncide avec les exactions auxquelles l'empereur et le bailli provincial soumirent la ville de Colmar et qui l'amenèrent à se soulever, le prévôt Walther à sa tête (1). De cet événement que je ne veux point raconter ici, il n'y a qu'un seul détail dont je crois devoir me servir : c'est que lors du siége, il ne paraît point que les nobles aient unanimement pris parti pour l'empereur contre la ville, puisque tous ceux qui étaient restés neutres durent participer à la contribution extraordinaire de deux mille deux cents marcs dont Rodolphe frappa la commune (2). On sait que les maisons religieuses furent appelées à parfaire cette somme (3). Nous possédons des réversales données par le prévôt et le conseil, le 8 des ides de mai (8 mai) au couvent d'Unterlinden, portant déclaration que l'imposition spéciale de soixante marcs à laquelle il avait été soumis, ne pourrait dans la suite servir à la ville de précédent pour frapper la communauté de nouvelles contributions (4).

1. *Ann. maj.*, pp. 211-12. *Chron.*, p. 254.

2. *Ann. maj.*, p. 211.

3. *Ibid.*, p. 212.

4. Archives du Haut-Rhin, fonds d'Unterlinden. Voici dans quels termes ce document s'exprime sur la catastrophe à laquelle la ville venait d'échapper : *Cum olim ad placandam regiam maiestatem nobis offensam pariter et infestam opportuna suffragia quereremus, non solum in bona nostra manum misimus, uerum eciam Monasterijs et Ecclesijs que in nostro territorio siue banno fundos, domos et predia possidebant, necessitate compulsi Tallias imposuimus contra antiquam consuetudinem et Privilegia eorundem.*

VI

LA chute de Rœsselmann amena à la prévôté un noble de Stammheim, qui se prêta mieux aux exactions du roi des Romains, mais qui ne put fixer sa résidence à Colmar et qui pourvut à sa charge en en confiant la lieutenance à son beau-fils. Mais le parti vaincu ne désarma point. Walther expulsé prit à sa solde « douze serfs errants et mendiants, » si nous en croyons la Chronique (1), mais plus probablement douze plébéiens, comme lui exilés de Colmar. Dans la ville même, il comptait encore des partisans nombreux et influents, parmi lesquels il faut surtout remarquer le doyen du chapitre de Saint-Martin (2). Grâce à leur appui, la mort de Rodolphe devint le signal de la rentrée de Walther Rœsselmann, qui reprit de force les fonctions de prévôt. C'est à cet événement que se rapporte le meurtre du sire de Hunawihr, attribué par la Chronique à Rœsselmann (3), tandis que les Annales en accusent d'une manière générale les Colmariens (4), ainsi que l'expulsion des chevaliers de Nortgasse et d'Illzach et du noble de Ruest.

On n'est pas d'accord sur la date de la mort de Rodolphe. Zurlauben la fixe au 30 septembre 1291. Cependant si la rentrée de Rœsselmann à Colmar et le siége de la ville par l'évêque de Strasbourg, placé par les Annales après l'octave de la Nativité de la Vierge (15 septembre) (5) ont eu lieu pendant

1. P. 254.
2. Ibidem.
3. Ibidem.
4. *Ann. maj.*, p. 218.
5. Ibidem.

l'interrègne, la date du 30 septembre est en contradiction avec ces faits. Il faut nécessairement admettre avec Pfeffel la date du 14 juillet, qui nous donne tout le temps voulu pour comprendre l'ordre de leur succession et de leur dépendance mutuelle (1). Quoi qu'il en soit, nous trouvons, sous la date du mercredi après la Saint-Gall (17 octobre) 1291, le prévôt Walther à la tête du conseil, sanctionnant l'acquisition d'une maison par l'hôpital de Colmar (2).

Après l'élection d'Adolphe de Nassau, en 1292, le bailli provincial Othon d'Ochsenstein vint à Colmar recevoir le serment de la ville. Il ne l'obtint qu'après s'être engagé, au nom du nouveau roi des Romains, envers le prévôt, à lui conserver sa charge durant la vie du roi, à maintenir l'exil prononcé contre les nobles exilés précédemment, et à ne pas introduire ses troupes dans la ville (3).

Cette transaction du souverain avec un dignitaire municipal qui ne relevait que de lui, est fort remarquable. Outre le fait personnel à Rœsselmann, on peut y voir le premier exemple connu du serment promissoire que le bailli provincial prêtait aux villes impériales de l'Alsace, pour leur garantir leurs libertés et coutumes. Ce serment était dû par le bailli provincial à son entrée en fonctions, et se renouvelait au nom de l'empereur après son élection à l'Empire; il précédait lui-même le serment des villes. C'est de ce dernier que dépendait la reconnaissance du nouvel empereur ou de son représentant par le sujet. L'é-

1. Le *Liber vitæ* de la cathédrale de Bâle donne la date du 15 juillet (*Idus julii*). V. Trouillat, t. II, p. 508.

2. X. Mossmann, Les Établissements de bienfaisance à Colmar au treizième siècle, dans la Revue d'Alsace, t. II, p. 244.

3. *Chron.*, p. 257.

change dans un pareil ordre de ces serments, confirmés des deux côtés par des réversales, constituait donc une sorte de contrat synallagmatique, et la conception germanique de l'idée de souveraineté ne répugne pas assurément à cette manière de voir.

VII

JE ne m'étendrai pas sur la chute de Walther Rœsselmann. Le récit de sa dernière résistance au chef de l'Empire se lit dans la Chronique des Dominicains (1), et l'on ne trouve rien à y ajouter. Remarquons seulement que ces deux révoltes de Colmar, en 1285 et 1293, ont dû avoir beaucoup de retentissement dans tout le sud-ouest de l'Empire, et qu'elles coïncident avec les nombreuses révoltes des vassaux des Habsbourg, qui ont précédé le soulèvement des trois cantons suisses. J'aurais voulu ajouter ici quelques renseignements sur un personnage dont le Dominicain nous a conservé le nom, Rebmann, qui fut député par les bourgeois au camp d'Adolphe de Nassau, pour lui remettre les clefs de la ville et lui faire sa soumission, et qui fut sans doute le chef du tiers-parti qui agit si vigoureusement, dans cette circonstance, contre le prévôt et son allié, le fameux Anselme de Ribaupierre. Malheureusement la Chronique s'explique peu sur lui et ne peut nous aider à déterminer les faits que j'ai pu recueillir.

Le nom de Rebmann se rencontre dans plusieurs actes de ce temps : la première fois à l'occasion de la vente d'une maison au profit de l'abbaye de Pæris,

1. P. 259 et sq.

faite le mardi avant la Saint-Thomas (18 décembre)
1296. Parmi les témoins figurent, à la quatrième et
à la cinquième place, *Johannes et Sifridus dicti
Rebman* (1). Quel est celui des deux qui représenta
la ville en 1293 auprès d'Adolphe de Nassau ?

Le nom de Jean ne se retrouve plus, tandis que
Sigfrid reparaît comme administrateur de l'hôpital
des pauvres, dans un échange de propriétés avec
Unterlinden, du jour de Noël (25 décembre) 1298 (2);
comme témoin dans un autre échange entre la ville
et la même maison, du mardi avant la Saint-Grégoire (10 mars) 1299 (3); comme l'un des quatre
bourgmestres dans une transaction de la ville avec
l'abbaye de Pæris, du jour de la Saint-Gall (16 octobre)
1302 (4); de nouveau comme témoin dans une vente
faite par la ville aux frères Déchaux, le mardi après
la semaine de la Pentecôte (26 mai) 1304 (5).

Enfin nous le trouvons une dernière fois, entouré
presque des mêmes noms que dans l'acte précédent,
agissant comme membre du conseil, à l'occasion
d'un nouvel échange de propriétés entre la ville et
le chapitre de Saint-Martin, pour l'agrandissement
du cimetière, daté du jour de Notre-Dame-la-Jeune
ou de la Nativité (8 septembre) 1308 (6).

Entre ces deux Rebmann, Jean et Sigfrid, il est
malaisé de choisir. Cependant il est à supposer que

1. Archives du Haut-Rhin, fonds de Pæris.
2. Archives du Haut-Rhin, fonds d'Unterlinden.
3. Ibidem, fonds d'Unterlinden.
4. Archives de Colmar. GG. Pæris.
5. Archives de l'hospice de Colmar, S. A., L. I, N. 4.
6. Archives de Colmar, GG., Saint-Martin.
L'obituaire de Pæris mentionne *anno 1287, Gertrude uxor
Sifridi Rebman, civis Colmariensis.* (Archives du Haut-Rhin).

celui dont la Chronique fait mention, a joué dans la suite le rôle le plus considérable. Le témoignage des actes désignerait en ce cas Sigfrid. Mais il est préférable de suspendre son jugement, jusqu'à ce que nos archives nous aient fourni plus de lumières sur ce point.

VIII

A fin du XIIIᵉ siècle et le commencement du XIVᵉ sont marqués par deux faits de la plus grande importance pour l'histoire du développement communal: c'est l'apparition du bourgmestre et des élus des corps de métiers ou zunftmestres.

Le premier document qui mentionne le bourgmestre est une donation de diverses propriétés au profit des religieuses d'Unterlinden, la veille des Quatre Couronnés (7 novembre) 1296, par Adélaïde d'Ensisheim, donation à laquelle le prévôt, le bourgmestre et le conseil appendirent le sceau de la ville (1).

Le contrat de vente du 18 décembre de la même année, dont je me suis servi ci-dessus (p. 23), nous fournit une seconde mention de ce dignitaire, d'autant plus précieuse qu'elle nomme la personne (2).

1. *Vnd dvr ein vrkunde dirre dinge se bitten wir bedenthalp den Schvltheiȥȥe vnd den Bvrgermeister und den Rat von Colmere gemeinliche das si ir Ingesigel henken an disen brief.* (Archives du Haut-Rhin, fonds d'Unterlinden.)

2. *Testes interfuernnt C. senior de Berghem, scultetus Columbariæ, Walter de Sleȥtat, magister burgensium in Columbaria.*

La formule suivante, empruntée à cet acte, me paraît par sa date digne d'intérêt : *Renuntiantes pro se ac suis heredibus*

La transaction avec l'abbaye de Pæris, dont je viens de parler, qui, pour compenser le dommage que ses entreprises sur le communal avaient occasionné à la ville, lui abandonna ses droits sur trente-deux journaux de prés au canton de Dornach, nous montre, sous la date du 16 octobre 1302, non plus un, mais jusqu'à quatre bourgmestres, et les dix-huit témoins, dont quatre chevaliers, qui figurent dans l'acte, représentent sans doute au grand complet un conseil plus nombreux que celui que nous avons trouvé jusqu'ici en fonctions (1). De ces quatre bourg-mestres deux sont nobles, les deux autres plébéiens,

universis, omnj actionj, exceptionj omnjque juris auxilio, canonici, civilis ac consuetudinarij, ac specialiter jurj dicenti generalem renunciationem non valere, ac restitutionj in inte-grum, exceptionj doli malj, ac omnibus juribus per que dicta venditio pure et simpliciter, rite et legitime facta, posset in posterum retractarj. (Archives du Haut-Rhin, fonds de Pæris.)

1. *Wir Heinrich von Andelahe der Schultheiçe, Eberhart von Andelahe, min Bruoder, Cvonçeman çvome Rvoste, rittere, Sifrit Rebeman, Burcart der Meiger, Burgermeistere, der Rat vnd die Burgere von Colmere gemeinliche..... An disen dingen warent der namme hie nach geschriben stat, der Schultheiçe vnd die Burgermeistere die do vor genemmet sint, Her Walther von Keisersberg, Her Johannes Ortliep von Keisersberg, Her Johannes Schultheiçe, Her Wernher der Walch, Rittere; Wernher von Wittenheim, Walther von Woffenheim, Cvono von Limperg, Erlewin, Heinrich Wollebe, Hesso von Bebilnheim, Peter von Sunthoven, Hug von Witten-heim, Sifrit von Kütelsowe, Walther Kussephenning, Heinrich Höhelin, Wildung, Gerhart von Keisersberg, Niclawes von Keisersberg, Niclawes von Lagelnheim, burgere.* (Archives de Colmar, GG., Pæris.)

En s'accommodant avec l'abbaye de Pæris, la ville lui rendit l'exercice de ses droits de bourgeoisie à Colmar, que l'acte en question spécifie ainsi qu'il suit :

Les religieux jouiront de tous les priviléges et droits que

et l'on se demande si ce n'est pas au moyen de ce partage, que les bourgeois ont fait accepter à la noblesse la création des nouveaux magistrats, et leur participation à la gestion des intérêts communs.

Le bourgmestre qui figure dès cette époque au second rang, était-il le chef élu par la commune, comme le prévôt est le chef imposé par l'empereur? Je ne le crois point. Dans un acte daté du samedi avant les Rameaux (26 mars) 1317, par lequel le prévôt, le bourgmestre et le conseil, au nom de la communauté, prennent des mesures au sujet du cimetière de l'hôpital, et qui nomme quelques-uns des personnages qui y prirent part, le bourgmestre-régent n'est cité qu'après les conseillers nobles, mentionnés eux-mêmes immédiatement après le prévôt (1). Ce

la ville tient des rois et des empereurs, comme tous les autres gens d'église qui sont ses bourgeois.

Elle devra les protéger et les défendre à l'égal des autres bourgeois.

S'il leur convient de cultiver leurs terres *(ob si Bv wellent hinne haben)* ils auront droit pour leur bétail au parcours et au paturage *(wunne vnd weide)* comme les autres bourgeois.

La ville s'engage aussi à ne pas les soumettre à d'autres règlements *(einung über si machen)* que le reste des bourgeois et, en cas de danger, ils pourront réfugier leur bétail dans ses murs, et tant qu'il le faudra, ce bétail prendra part au parcours et au pâturage avec le troupeau commun.

Enfin les religieux auront le droit de faire entrer en ville et d'en faire sortir toutes les denrées, blé et vin, à leur usage, sans payer de droit de consommation *(vngelt)* non plus que les autres bourgeois.

1. *Hie bi waren da dis beschah, dise erberen Rittere vnde burger von Colmer, die hie nach geschriben stant : der vorgenante Her Johannes der Schultheisse, Her Wernher von Wittenhen, Her Cvnrat von Wittenhen sin bruder, Her*

fait semble établir que, dans l'origine, le bourgmestre n'était que le représentant des corps de
métiers. Quoi qu'il en soit, après les graves événements de 1293, dus à la prépondérance du prévôt,
délégué de l'Empire, et dont la ville n'évita les suites
qu'en réagissant contre lui, l'apparition d'un magistrat reconnu, sinon élu, approuvé par la majorité
de la population comme son chef, et capable dès lors
de contre-balancer jusqu'à un certain point l'autorité
du prévôt, est un fait éminemment considérable.

Quant à la question de savoir si cette magistrature
fut instituée ou sanctionnée par l'empereur, en
l'absence de toute preuve directe, on en est également réduit aux conjectures. On pourrait répondre
affirmativement, si, dans les diplômes impériaux
contemporains, le bourgmestre était nommé parmi
les autres représentants de la commune.

J'ai sous les yeux deux diplômes de Henri VII :
l'un, daté de Berne, 5 octobre *(quinto mensis octo-
bris)* 1310, concède aux religieuses de Sainte-Catherine le droit de mener un petit cours d'eau à travers
leur enclos, et s'adresse au maître, au conseil et à
l'universalité des citoyens de Colmar (1). *Magister
civium*, ou simplement *magister*, comme dans ce
titre, est bien la traduction latine du bourgmestre.
Mais je ne puis accorder à la lettre de ce document
une confiance absolue. Il n'en existe plus qu'une
copie du dernier siècle, sans authenticité ; l'énoncé

*Berhtolt von Ongershen, Rittere, Ruleman esel, der in den
ziten burgermeister war, Burkart der Meyer, Walther Kussephenning, Clawes Muhteler vnde andere des rates vnde der
burgere gnvge von Colmar.* (Les Etablissements de bienfaisance, l. c., p. 242.)

1. Archives du Haut-Rhin, fonds des Catherinettes.

de la date, en ces termes de cinquième du mois d'octobre, suffit pour éveiller des doutes sur la fidélité de la transcription, et il est fort possible que l'on ait mis *magistro* pour *sculteto*. Je ne m'expliquerais pas que dans un diplôme de cette époque, l'empereur eût oublié de mentionner le prévôt, d'autant plus qu'Henri VII n'a pu ignorer la constitution de la commune à Colmar, où il a fait, d'après les *Regesta* de M. Bœhmer, de fréquents séjours : en 1309, du 25 mars au 5 avril, et du 29 octobre au 10 novembre ; en 1310, au commencement d'avril, et du 13 au 25 octobre.

Frédéric le Beau, dans l'unique diplôme de ce prince que je possède, et son compétiteur Louis de Bavière, jusqu'en 1330, omettent de nommer le bourgmestre. Sous cette dernière date seulement, Louis IV, en absolvant la ville de Colmar de sa rébellion contre lui, s'adresse au prévôt, *aux bourgmestres*, au conseil et à tous les citoyens. Ainsi donc ce n'est que trente-quatre ans après l'apparition du bourgmestre dans les actes de la commune, qu'il se trouve bien positivement mentionné dans un diplôme impérial. Encore l'année suivante, en répondant à une communication de la ville de Colmar, où il était cependant question de l'élection des bourgmestres, l'empereur n'écrit qu'au prévôt, au conseil et aux bourgeois en général. Dans deux diplômes donnés l'un et l'autre à Haguenau, samedi après la Saint-Gall (23 octobre) 1333, l'un mentionne le bourgmestre, l'autre le passe sous silence. Ce dernier cas se rencontre encore dans un diplôme daté de Nuremberg, vendredi avant la Saint-Barthélémy (22 août) 1337.

Le dépouillement tant soit peu minutieux de ces

documents me semble prouver clairement que l'empereur n'eut aucune part à l'établissement du bourgmestre, puisqu'il paraît l'avoir ignoré si longtemps,
ou que même le connaissant, il le passe dédaigneuse-
ment sous silence. Nous verrons donc en lui un
magistrat d'origine plébéienne, une sorte de tribun
du peuple, imposé d'abord au prévôt et aux nobles
comme une personnification des intérêts plébéiens,
et dont le pouvoir, grandissant avec l'influence des
corps de métiers, devint peu à peu le signe de l'autonomie de la commune.

IX

E second fait digne d'être remarqué, l'apparition des chefs des tribus et leur participation aux affaires communales, est constaté
par la vente du 26 mai 1304, mentionnée
page 24, faite au nom du prévôt, du bourgmestre,
du conseil, des chefs de tribus et des bourgeois de
la ville de Colmar. (1)

La Chronique des Dominicains, à l'occasion du
serment que Rœsselmann fit prêter par la popula-

1. *Wir Henrich von Andelahe, der Schultheiƺe, der Burgermeister, der Rath,* die Meisterluete *vnd die Burger gemeinliche von Colmer.*

Je continuerai à me servir du mot de tribu, en usage en
Alsace depuis qu'il a fallu donner à nos institutions allemandes des noms français. Il ne désigne pas seulement des
jurandes, des corporations d'artisans associés en vue des
intérêts communs de leur travail. Dans nos communes il
s'entend surtout de subdivisions de la population, formant
de véritables corps politiques, auxquels aucun citoyen actif,
aucun bourgeois ne pouvait rester étranger. La noblesse

tion, en 1293, à son allié Anselme de Ribaupierre, parle déjà des zunftmestres *(magistri zunftarum)* et même des lieux particuliers où chaque métier se rassemblait (1). Les détails quelle donne indiquent une organisation, un mode de réunion et des rapports avec le magistrat, analogues à ce que nous trouvons en usage à des époques biens postérieures. Mais la participation des élus des corps de métiers aux délibérations du conseil, constatée dès l'année 1304, est une conquête que peu de communes allemandes peuvent faire remonter aussi haut. Il est curieux de ne point voir figurer les chefs de tribus dans l'acte de fondation de la foire de la Saint-Martin (3 novembre 1305). Faut-il considérer cette omission comme une preuve que leur coopération se bornait aux actes ayant pour objet l'administration, la vente ou l'achat des communaux ? Le fait est que dans l'échange déjà cité, page 24, du 8 septembre 1308, entre la ville et le chapitre de Saint-Martin, d'une rente de cinq livres de Bâle, assise sur quatre étaux de bouchers, contre un terrain destiné à l'agrandissement du cimetière, les zunftmestres interviennent de nouveau. Cet acte nous fournit la liste nominative des personnes qui y ont pris part. Ils sont au nombre de vingt-deux, non compris le prévôt, sans qu'il soit possible de reconnaître exactement quels noms appartiennent au conseil, et quels aux chefs de tribus. Seulement les six premiers dé-

formait des associations distinctes, auxquelles l'usage a étendu le nom de tribu, et ce n'est peut-être pas la moindre raison que l'on peut invoquer en faveur d'une dénomination empruntée, comme on le voit, avec assez de justesse, aux traditions municipales des cités antiques.

1. Pertz, *Script.*, T. XVII. p. 258.

nommés sont des nobles et, si nous admettons que
le nombre des conseillers était encore de douze, il
resterait dix chefs de tribus adjoints au conseil.
Remarquons encore que dans cette liste rien ne
désigne celui des officiers qui exerçait les fonctions
de bourgmestre (1).

Il paraîtrait, d'après ce document, que les nobles
qui ne formaient, en 1283, que le tiers du conseil y
étaient plus nombreux en 1308. Il avaient sans doute
regagné, à la suite d'échecs réitérés des corps de
métiers sous Walther Rœsselmann une partie du
terrain perdu, à moins que les plébéiens, en obtenant
l'entrée des zunftmestres dans le conseil, et en im-
posant le bourgmestre à la noblesse, ne lui aient
accordé ce dédommagement, donnant ainsi le premier
exemple d'une de ses sages transactions familières
à nos ancêtres.

X.

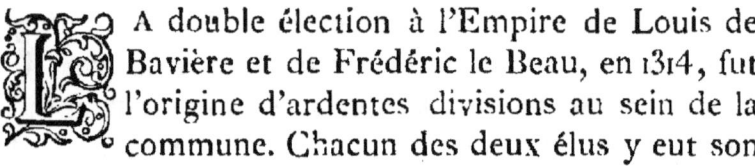 A double élection à l'Empire de Louis de
Bavière et de Frédéric le Beau, en 1314, fut
l'origine d'ardentes divisions au sein de la
commune. Chacun des deux élus y eut son

1. *Wir Johans der Schulthesse, der Meister, der Rat, als er
mit Nammen hie nach geschriben stat: Johannes von Norgassen, Cuonçeman çem Ruost, Walther von Keisirsberg,
Johans Ortlieb von Keisersberg, Jacob der Schedeler, Johans
Bernant, rittere; Wernher von Wittenhen, Burchart von sant
Diedat, Henrich Wollebe, Sifrid Rebeman, Hesse von Be-
belnhen, Peter von Sunthoven, Wildung, Gerhard von Keisirsberg, Erlewin, Walther Kussephennig, Walter Tuering,
Henrich Hohelin, Uellin von Woffenhen, Meier Luitolt, Ruo-
dolf Vilinger vnd Johans Heselin, Meisterlnite vnd die burger
gemeinlich von Colmar.*

parti. Mais Frédéric emporta longtemps la balance. Voici l'analyse des documents qui expliquent la double action de ces princes sur la cité:

En 1315, le 13 des calendes d'avril (20 mars), à Stackmatten, Frédéric III confirma les priviléges, libertés, droits, franchises et bonnes coutumes que Colmar tenait de ses prédécesseurs, lui accorda à perpétuité les produits de l'*Umgeld*, et l'exempta pour deux ans du tribut à l'Empire (1). Cette faveur précéda de peu de jours l'arrivée de Frédéric à Colmar, où il prit des mesures analogues pour Kaysersberg et Türkheim (2) et conféra, le 31, le droit de bourgeoisie au chapitre de Saint-Martin (3). Frédéric séjourna encore à Colmar au mois de février 1321, et au mois d'avril 1322 (4).

Son compétiteur, Louis V donne enfin à son tour signe de vie. Le 26 décembre de cette dernière année, à Ratisbonne, il accorde à un noble strasbourgeois, Hugues Schaub, une assignation de deux cents marcs d'argent sur les juifs de Colmar (5) et la veille des nones de juin (4 juin) 1323, à Nuremberg, il exempte les habitants, sur leur demande *(ad requisitiones vestras supplices)* du paiement du péage perçu à Deinheim (6). Il est à remarquer que ce

---

1. Archives de Colmar, CC., Umgeld On sait que l'umgeld était un droit de consommation sur le vin, exigé des débitants.

2. *Als. diplom.*, t. II, p. 113.

3. Archives du Haut-Rhin, fonds de St.-Martin. Trouillat, qui reproduit ce diplôme, t. III, p. 218, lui donne par erreur la date du 22 mars. Il est du 2 des calendes d'avril.

4. Bœhmer, *Regesta*, 1314-1347, p. 175.

5. Œfelé, *Script. rer. boicar.*, t. 1er, p. 742.

6. Archives de Colmar, HH. Douanes intérieures.

dernier acte est de la même année que l'expédition de cinquante hommes envoyés à Ensisheim par le duc Léopold d'Autriche, père de Frédéric le Beau, pour inquiéter la ville de Colmar, expédition dont le chroniqueur Mathias de Neuenburg nous a conservé le souvenir (1).

XI

E Hugues Schaub, qui reçut de Louis de Bavière une délégation sur les juifs de Colmar, se retrouve comme prévôt dans une charte du vendredi après la Saint-Nicolas (9 décembre) 1323 (2) et l'on doit admettre qu'il en remplit la charge au nom du même prince. Ce dernier document offre pour l'organisation judiciaire un intérêt particulier, qui ne me permet pas de le passer sous silence.

Parmi les nombreuses propriétés que les religieuses d'Unterlinden possédaient en ville, se trouvait la cour de Guebwiller, dont elles avaient fait leur cave

1. *Matthiæ Neoburgensis Chronica*, *herausgegeben von* Dr G. Studer, p. 72. La petite chronique de Colmar publiée dans l'*Alsatia* de 1873-74, pp. 221-35, sous le titre de *Coronica quædam*, par M. Julien Sée, d'après un manuscrit de la bibliothèque de Colmar, rapporte que, dès 1317, l'empereur Louis était venu à Colmar, et y avait fait acte de souveraineté. Elle raconte même que le grand Pierre de Sundhofen, dont le nom se rencontre en effet dans les actes de cette époque, avait hébergé ce prince avec sa suite, et qu'en récompense il avait été investi de l'office de la prévôté. Cependant il est à remarquer qu'il n'existe aucun diplôme qui témoigne d'un séjour de Louis de Bavière en Alsace, en 1317, et à aucune date je n'ai trouvé Pierre de Sundhofen fonctionnant comme prévôt.

2. Archives de Colmar, DD. Titres de propriété.

ou *weinhof.* Cet héritage qu'elles avaient agrandi en 1304 (1) par l'acquisition de maisons appartenant à Anne, veuve du chevalier Sigfrid de Gundolsheim, était contigu à un hôtel des nobles de Nortgasse, qui s'étaient servis du pignon du *weinhof* pour élever un bâtiment, au mépris des droits de propriété de la communauté.

Elle porta plainte devant Walther Küsspfenning, lequel, en se réclamant de son seigneur, le chevalier Hugues Schaub de Strasbourg, prévôt de Colmar *(an mines herren stat)* se qualifie de sous-juge ou de juge inférieur *(vnderrichter).* Appelé en justice, le chevalier Jean de Nortgasse se borna à nier qu'il eût fait tort au voisin. Là-dessus le tribunal ordonna *(wart erteilt mit gemeiner vrteil)* une vue et descente des lieux *(ein wisunge)* et en chargea ce Pierre de Sundhofen, dont il est question dans la note 1, p. 34. Ce commissaire alla examiner la propriété litigieuse, ouvrit une enquête, ouït des experts et acquit la preuve que la réclamation des religieuses était fondée.

Sur le rapport qu'il en fit, le tribunal se demanda par jugement *(do wart gefraget mit vrtheil)* s'il devait ou non en adjuger le profit aux demanderesses. Pour une cause qui n'est pas expliquée, il ne se crut pas compétent ou suffisamment informé, et l'affaire fut portée devant le conseil *(vnd wart gezogen von gerichte für vnser herren in den Rat)* qui renvoya les parties devant le tribunal pour que la prieure et son mandataire prêtassent serment.

Les religieuses ayant fourni ce complément de preuve, le lieutenant du prévôt, en vertu de la sen-

1. Veille de Noël — 24 décembre. (Ibid.)

tence rendue par ses assesseurs et des pouvoirs qu'il tenait de son patron *(von dem gewalte so mir bevolhen hat.. herre Hug Schorb, schultheis ʒe Colmer)* fit défense au chevalier de Nortgasse de poursuivre le trouble qu'il avait causé dans la possession de la communauté.

Cette sentence confirme ce que nous avons déjà pu supposer plus haut, que la justice était à deux degrés : au bas le tribunal, présidé, en 1323 comme en 1249, par un délégué du prévôt ; en haut le conseil où se portaient les appels du tribunal et dont la jurisprudence faisait loi pour les bourgeois, à qui le statut municipal interdisait de recourir à des juges étrangers. Aux pouvoirs judiciaires du conseil s'ajoutaient des attributions politiques, législatives et administratives qui manquaient au tribunal, et en se rendant compte du rôle neutre du prévôt, qui n'avait qu'à poser les questions à ses assesseurs, à recueillir leur avis, et à le convertir en sentence, qui ne pouvait même pas recevoir de contrat privé à moins d'y avoir été autorisé au préalable (1) on comprend la prépondérance qu'acquirent peu à peu les magistrats élus de la cité, et l'effacement de l'office de la prévôté, que, dès la charte de 1278, Rodolphe avait

---

1. Voici l'entrée en matière d'un contrat de ce genre : *Ich Werlin Küspfenning, schultheiʒe ʒe Colmer.. Tuon kunt allen den die disen brief ansehent oder hören lesen nv oder, hie nach... Das für mich kam die erber Junchfrovw Berchte von Oengersheim... vnd hat mich nider sitʒen ʒe gerichte, daʒ ich ovch tet durch ir bet willen, vnd wend es mir ovch mit vrteil wart daʒ ich es wol getuon möchte vnd sollte, nach der stette recht vnd gewonheit von Colmer* (du samedi après l'Ascension — 15 mai 1344). Archives du Haut-Rhin, commanderie de Saint-Jean de Colmar.

promis de ne jamais conférer qu'à un bourgeois résidant (1) et dont, par voie de rachat, la ville finit par faire une charge purement municipale.

XII

OMMENT se fait-il qu'après avoir accepté un prévôt de la main du compétiteur de Frédéric-le-Beau, après avoir obtenu de lui la remise du péage de Deinheim, faveur d'autant plus précieuse que ce village lui avait été engagé par le duc Léopold, comme garantie d'un prêt de cent marcs d'argent (2) Colmar prenne part à l'alliance conclue le 25 mai 1324, entre le même Léopold d'Autriche, l'évêque de Strasbourg, et le comte de Fribourg, pour s'assurer du secours, tant que durerait là guerre contre le *duc* Louis de Bavière? (3)

Bien plus encore, lorsque Frédéric III vaincu et fait prisonnier par son concurrent, recouvra sa liberté et, par un pacte mystérieux, reprit en même temps l'exercice du pouvoir impérial partagé entre lui et son vainqueur, il revint à Colmar dans la seconde moitié du mois d'août 1326, et y renouvela, le 6 des calendes de septembre (27 août) en faveur des religieuses d'Unterlinden, l'exemption qu'elles tenaient de son père Albert Ier de n'être soumises à aucune prestation envers l'Empire (4). Cela n'empêcha point

1. *So geloben wir och den burgern von Colmer, daz wir in dekeinen schultheizen geben svln niwan der ein burger da si vnd och bi in gesezen si.*
2. Ibidem.
3. Lichnowski, *Beilage*, p. 542.
4. Archives du Haut-Rhin, fonds d'Unterlinden.

Louis V d'accorder à Donawerth, le 1ᵉʳ décembre
de la même année, pour services rendus, une gratification de douze cents marcs à Jean de Morschwiller, Pierre de Sundhofen et Nicolas Muchtler,
avec assignation sur le tribut à l'Empire payable
par Colmar (1). Ce Pierre de Sundhofen nous est
déjà connu par l'acte d'échange du 8 septembre 1308,
cité page 24, note 6, et le titre relatif au cimetière
de l'hôpital, du 26 mars 1317, cité page 27, note 1,
le mentionne encore une fois, avec Nicolas Muchtler,
comme faisant partie tous deux de l'administration
de la ville. De plus nous allons retrouver le nom
de Jean de Morschwiller au bas d'un acte important
dont j'aurai également à m'occuper.

En attendant nous pouvons constater que depuis
l'année 1322, Frédéric le Beau et Louis de Bavière
ont exercé concurremment des droits sur Colmar.
Si Louis n'est point venu, comme son rival, les
exercer en personne, il n'en a pas moins disposé
de la contribution à l'Empire et de celle des juifs,
nommé un prévôt et même accordé aux habitants,
sur leurs instances formelles, le privilége d'être
exempts du péage à Deinheim. Cet état de choses
ne peut s'expliquer que par l'existence, au sein de
la cité, de deux partis correspondant aux passions
politiques soulevées dans l'Empire par la double
élection de Frédéric et de Louis, et surexcitées par
l'intervention du souverain pontife, qui s'était prononcé contre ce dernier.

La mort de Frédéric III, le 13 janvier 1330, ramena
la ville à Louis de Bavière, resté seul empereur. Le
samedi avant l'Ascension (12 mai) 1330, à Ulm, ce

1. Œfelé, t. Iᵉʳ, p. 754.

prince reprit Colmar en grâce, en lui pardonnant l'hostilité qu'il lui avait manifestée jusqu'alors (1).

Cette soumission attira la même année le duc Léopold d'Autriche sous les murs de Colmar, qu'il assiégea vainement et qui fut secouru par Louis de Bavière lui-même (2). Un document cité par Lichnowski fait voir que le siège eut lieu vers le 8 juillet (3) et plusieurs diplômes impériaux, datés de Colmar, 14 et 15 août, prouvent que l'empereur y fit un séjour (4). En passant à Bâle, le 19 août, Louis V, afin de reconnaître les sacrifices que notre ville avait faits pour lui et pour l'Empire, déclara ses bourgeois exempts, pendant deux ans, de tous les paiements qu'ils avaient à faire aux juifs (5).

XIII

LA réconciliation de Colmar avec le chef de l'Empire eut d'autres effets encore qu'une simple adhésion à sa politique: il épousa en même temps sa cause dans sa lutte contre le Saint-Siége, ainsi que le prouve un document sans date, mais évidemment contemporain. Ce sont des réversales délivrées par le prévôt, le bourgmestre et le conseil aux religieux et au couvent de Saint-François, dont l'ordre s'était prononcé en faveur de la puissance temporelle, et qui bravait les foudres de l'Eglise, en continuant à célébrer l'office divin dans les villes qui avaient adhéré à l'Empire. Colmar se

1. *Als. diplom.*, t. II, p. 141.
2. Bœhmer, *Reg.*, 1313-1347, p. 258.
3. *Beilage*, p. 405.
4. Œfelé, t. 1er, pp. 773-774.
3. X. Mossmann, Etude sur l'histoire des Juifs à Colmar, p. 3.

trouvait dans ce cas, et pour reconnaître le service que les frères Déchaux lui rendaient, la ville s'engagea envers eux à les assister dans leur résistance contre ceux qui voudraient les soumettre à leur ancien général, maître Michel de Cesena, et à leur ancien provincial, maître Henri de Thalheim, justement révoqués de leur office, à moins que les religieux demeurant dans les villes de l'Empire, ou qui avaient prêté serment à l'empereur, ou qui étaient tenus de l'aider de leurs conseils et de leurs secours, ne retombassent sous l'obédience des dignitaires que l'ordre avait rejetés de son sein. En même temps elle promit de soutenir les religieux dans toutes les épreuves, troubles et poursuites que leur conduite à Colmar pouvait leur susciter devant les tribunaux ecclésiastiques ou devant la justice ordinaire (1).

1. L'importance de ce document, qui est conservé dans les archives de l'hospice civil, m'engage à le reproduire textuellement :

.. *Wir der schultheise, der burgermeister vnd der rot von Kolmer tvon kunt alle den die disen brief ansehent oder hörent lesen, daʒ wir durch got vnd sante franciscen vnd alle sime orden ʒe eren, geloben den bruodern vnd dem conuente der vorgenanten stat, die nv sint vnd werdent, wellen beholfen sin, ane alle geverde, mit guoten truwen, sv ʒebeschirmende daʒ sv ieman twinge daʒ sv vndertenig werden keiner meisterschaft, eʒ si generale oder prouinciale, denne den die sv ieʒe hant mit rehter welunge, vnde dö von sol nieman wenen oder ʒuoversiht han daʒ wir sv wellen twingen ʒekeinre vnderenekeit meister Michahels, der da waʒ generale, oder meister Heinricheʒ von Talhein, der da waʒ prouinciale, die rehte und redeliche von irme amte getseʒet sind, vnd die der orden gemeinliche vurbennig hat, eʒ were denne alse verre, do vor got si, daʒ die bruodere die da wonent in allen den stetten die daʒ rich an hörent, oder die dem keiser gesworn hant, oder im mit*

Ce qui permet de rattacher ce texte à la crise que je raconte, c'est le nom de l'ex-provincial, contre lequel les frères Déchaux cherchaient à se prémunir. Henri de Thalheim avait été chancelier de Louis de Bavière, et il s'était démis de ses fonctions, quand ce prince eut encouru les condamnations de l'Eglise, ainsi que l'atteste une bulle du pape Jean XXII, de l'année 1330 (1). Les réversales souscrites dans ces circonstances par Colmar nous montrent sa situation sous un jour qui en élargit singulièrement la portée: ces fluctuations où notre ville s'épuisait, nous pouvons hardiment les rattacher aux grandes querelles du sacerdoce et de l'Empire, des Guelfes et des Gibelins, où s'agitait l'un des grands problêmes de

rate, mit helfe vnd mit gvnsten gebunden sint, gemeinliche an die vorgenanten meistere sigen geuallen: wonde denne an der sachen, so wellen wir die bruodere vurbaʒ nvt me schirmen..
Vber daʒ alleʒsamment, so vuriehen wir vnd geloben daʒ an disem gegenwertigem briefe, daʒ allen den schaden, alleʒ daʒ betrvepnisse vnd alleʒ daʒ vngemach daʒ in an dirre sache von vnsern wegen, vnd svnderliche dar vmbe daʒ sv gottes dienest her wider genummen hant, begegenen mag, daʒ wir in daʒ wellent helfen tragen an geistlichem vnd an weltlichem gerihte, mit ganʒem truwen, ane alle geverde, alse verre wir iemer kvnnet vnd vns mvgelich ist. Vnd ʒe eime waren vrkvnde, vnd ʒe einre bewerunge ganʒer stetikeit alle der dinge die hievor an disem briefe gescribent stont, so han wir daʒ jngesigel vnserre stette gehenket an disen brief. (Original en papier, avec sceau en cire brune pendant sur simple queue; au dos, d'une écriture contemporaine: *Qt. Ciues tenentur fratres defendere propter cantum*).

1. Cf. Jac. Wencker, *Collecta archivi*, p 362, où le nom du chancelier est donné par erreur sous la forme de Chalhem. D'après M. de Mülinen, *Helvetia sacra*, t. II, p. 28, Henri de Thalheim a été élu provincial le 8 septembre 1316, et il aurait résigné ses fonctions en 1325. Cette dernière allégation est en contradiction avec les réversales de Colmar.

l'histoire , et que venait compliquer à Colmar
l'antagonisme politique des deux compétiteurs au
trône de Charlemagne.

XV

EPENDANT jusqu'ici rien que de régulier :
une commune longtemps rebelle reconnaît
enfin le souverain resté seul légitime, en
dépit de l'excommunication du pape Jean
XXII. Mais des mesures de salut public d'une vigueur extraordinaire nous révèlent une situation qui
n'avait presque rien perdu de sa gravité. Même sans
soutien apparent du dehors, les divisions intestines
troublaient et menaçaient encore la cité. Malgré sa
soumission, un certain nombre de bourgeois persis-
taient entre eux dans une lutte stérile et sans objet.
Pour mettre fin à leurs divisions et à la perturbation
qu'elles causaient, la commune se souleva, expulsa
les deux partis et prit les dispositions suivantes,
en jurant de les maintenir en vigueur pendant
cinq ans. (1).

Sous la date du lundi après la Saint-Urbain (27
mai) 1331, elle institua un collége de neuf magistrats,
dit le novemvirat, chargé de délibérer et d'agir dans
toutes les nécessités futures, et auquel les bourgeois
s'engagèrent à obéir en tout ce qu'il trouvera bon
de prescrire dans l'intérêt de la cité. Mais ses réso-
lutions n'étaient valables que prises à l'unanimité.
En cas de dissentiment, les novemvirs devaient
rendre compte au magistrat et au conseil, qui déci-
deront en dernier ressort et agiront en conséquence.

1. Archives de Colmar, AA. *Les Rouges et les Noirs; institution du Novemvirat.*

Les peines les plus sévères sont édictées contre celui des novemvirs qui, pendant la durée de ses fonctions, manquerait au serment spécial prêté par lui, de même que par les autres bourgeois, pour sanctionner les mesures de salut public dictées par les circonstances. Pour le dommage qu'il aurait causé, il devait payer de son corps et de son bien, perdait à jamais son droit de bourgeoisie, était déclaré incapable de contracter, infâme et parjure (1.)

Si les partis exilés ou si un seul d'entre eux rentre à Colmar, en donnant satisfaction à la ville, on promet de ne composer la majorité du conseil que d'hommes honorables et libres de tout engagement avec les partis rentrants.

Si à la suite de la réadmission de l'un ou de l'autre parti, un ou plusieurs des leurs essaient de se venger de leur expulsion sur la personne des novemvirs, ou sur tout autre bourgeois, tous devront leur prêter aide et assistance, s'ils ne veulent encourir les peines édictées contre toute infraction au serment.

Si l'un des novemvirs vient à mourir, ses collègues le remplaceront de l'aveu des zunftmestres et du conseil.

Le douzième jour après Noël, ou Epiphanie, consacré au renouvellement du conseil, les novemvirs et les zunftmestres sortants nommeront les nouveaux chefs de tribus, quatre bourgmestres, quatre préposés aux constructions, les receveurs des deniers

---

1. *Elos, elos und meineide.* Le premier terme de cette formule pourrait aussi avoir un sens rétroactif, et prononcer la nullité des contrats existants.

communaux, tous non engagés dans les partis. Ces derniers rendront compte de leur gestion tous les trois mois, à l'époque des quatre-temps.

Il ne devait y avoir en exercice qu'un seul bourg-mestre à la fois ; la durée des fonctions de chacun se borne à trois mois.

Si l'un ou l'autre des partis rentre à Colmar, les bourgeois n'en veulent pas moins être les maîtres chez eux, disposer seuls des clefs et du sceau de la ville, ainsi que des cloches de Saint-Martin. Toute tentative à ce contraire serait repoussée par la force.

Aucun des Rouges ou des Noirs, ce sont les noms que leurs couleurs avaient fait donner aux deux partis, ne pourra rentrer en ville sans l'aveu du magistrat. Il renoncera avant tout à porter ses anciennes couleurs, prêtera serment à la charte d'institution du novemvirat et, en cas d'infraction, se soumettra à un nouvel exil et à la confiscation de tous ses biens.

Le document se termine par les serments que se prêtèrent réciproquement les novemvirs d'une part, le prévôt, le bourgmestre, le conseil et l'universalité des bourgeois d'autre part, lui donnant ainsi tout le caractère d'un contrat, pour s'engager irrévocablement à maintenir ces dispositions et à les défendre de leurs corps et de leurs biens, par la force et les bons conseils.

Cet acte nous a conservé les noms des novemvirs ; quatre d'entre eux, appartenant aux familles nobles des Ruest, des Wittenheim, des Altenweg, sont qualifiés d'écuyers.

Nous ne possédons pas le message par lequel la ville fit part à l'empereur de l'expulsion des Rouges et des Noirs ; mais j'ai déjà parlé de la réponse de

Louis de Bavière, datée de Ratisbonne, vendredi après la Saint-Ulric (5 juillet 1331) (1): il est curieux de voir comment la majesté impériale s'exprime sur cet acte de souveraineté communale.

Louis V approuve la mesure dont son parti et le parti contraire ont été l'objet, comme ayant été prise, selon le dire des bourgeois, dans l'intérêt de la ville et de l'Empire. Toutefois il verrait avec satisfaction la rentrée des Noirs, s'il ne devait pas en résulter de dommage; mais si les bourgeois y voient du danger, ils pourront laisser les choses en l'état, tant qu'ils ne recevront pas de nouveaux ordres de l'empereur. Cependant il leur défend de s'arranger avec les Rouges sans son aveu. Mais s'ils venaient à transiger avec les Noirs, l'empereur promet d'intervenir, afin de les mettre d'accord et d'éviter de nouvelles violences.

Sur ce message n'est-il pas étonnant de voir la ville se raviser tout à coup et réadmettre les exilés des deux partis ? Le fait est que le vendredi après la Saint-Michel (4 octobre) de la même année, « le prévôt, le bourgmestre, le conseil et les bourgeois, nobles et roturiers, pauvres et riches », d'une part, et « les deux partis exilés, les Rouges et les Noirs, nobles et roturiers », d'autre part, d'après les ordres de l'empereur, est-il dit dans l'acte, firent la paix au sujet des troubles et des luttes à main armée, des meurtres, expulsions, dommages, frais

---

1. Archives de Colmar, AA. Les Rouges et les Noirs. Ce document a été publié par feu M. Bœhmer: *Fontes rer. germanicar.*, t. I, p. 212. Cf. sur cette période les *Geschichtsblätter* de feu M. Kopp, dont la Revue d'Alsace de 1856 a reproduit p. 314-316, le passage qui la concerne.

et inconvénients que leurs dissensions avaient occasionnés (1).

Si quelqu'un de la ville ou des partis venait à rompre cette paix, il était déclaré incapable de contracter, infâme et parjure, déchu du droit de bourgeoisie à Colmar et de la protection impériale. Les mêmes peines atteignaient ceux qui lui viendraient en aide, et les contractants s'engagent à agir de leurs personnes et de leurs biens contre ceux qui les accueilleraient, que ce soit dans une ville de l'Empire ou ailleurs.

On prévoyait que, soit dans la commune, soit parmi les exilés, il se trouverait des individus qui n'adhéreraient pas au traité. Leur refus ne pouvait en rien infirmer l'assentiment des autres, qui devaient jurer de rester fidèles à leur engagement et d'aider la ville à le faire respecter par les opposants.

Puis viennent des dispositions qui complètent celles de l'acte du 27 mai, relatives à l'organisation administrative de la commune : il fut stipulé que le conseil et les quatre bourgmestres seraient renouvelés le jour des Rois ; le choix devait être fait par les chefs de tribus ; les deux tiers étant pris parmi les bourgeois résidant dans la ville au moment de la pacification, le troisième tiers parmi les rentrants.

Les détenteurs de biens communaux devaient en rendre compte ; l'exil était maintenu contre celui qui s'y refuserait, et chacun devra se prêter à agir contre lui.

Les stipulations de l'acte d'institution du novem-

1. Original aux archives de Bâle. Je dois une copie de ce document à l'obligeance de M. J. Dietrich, actuellement secrétaire général à Belfort.

virat sont rappelées aux exilés ; il leur est interdit de former de nouveaux partis ; ils devront se soumettre aux règlements de police établis par la ville et acquitter les amendes qu'ils prononcent.

A la demande des contractants, deux Ribaupierre, Henri, seigneur de Hohenack, et Jean le jeune, appendirent leurs sceaux au bas de l'acte à titre de garants. Divers nobles qualifiés de chevaliers, et qui représentent peut-être les partis rentrants, un Berkheim, un Wittenheim, un Girsberg, un Nortgasse, un Schultheiss, ce même Jean de Morschwiller compris dans la gratification impériale du 1er décembre 1326 ; puis trois des écuyers qui faisaient partie des novemvirs, et trois autres bourgeois y joignirent également les leurs.

Cette paix aurait dû, ce semble, faire tomber le novemvirat. Il n'en fut rien. Malgré la soumission des anciens partis, les novemvirs furent maintenus et même, en 1336, renouvelés pour une nouvelle période de cinq ans. L'acte de renouvellement est daté du lundi après la Saint-Urbain (27 mai) 1336, le jour même où le mandat primitif expirait (1); il ne diffère pas essentiellement de l'acte d'institution. Il maintient sept des anciens novemvirs, prend les mêmes dispositions pour le renouvellement du conseil et des magistrats, le remplacement des novemvirs qui viendraient à décéder, l'attribution exclusive à la ville de la garde de ses clefs et de ses portes, l'usage de son sceau et des cloches. Il continue de défendre le port des couleurs séditieuses ; de plus il interdit de se réunir à plus de quatre, à moins que ce ne soit un père et ses enfants ; il porte engagement envers

1. Archives de Colmar, AA. Les Rouges et les Noirs.

les novemvirs de les protéger à l'expiration de leur
nouveau mandat, contre les haines que leur administration pourrait soulever ; il menace des peines
édictées les révélateurs du secret des délibérations
sur les affaires de la ville ; il maintient formellement
toutes les dispositions des ordonnances de police
déjà rendues, ainsi que les amendes ou compositions
qu'elles stipulaient. Comme de raison, il ne parle
plus de l'exil prononcé contre les anciens partis, ni
des précautions à prendre avant de leur accorder
de nouveau l'entrée de la ville.

Ces documents ne laissent aucun doute sur la
nature et le caractère des faits généraux qui nous
occupent. Les deux partis qui divisaient l'Empire,
avaient bien leurs représentants à Colmar ; mais il
ne s'agissait pas seulement entre les Rouges et les
Noirs des intérêts de Frédéric et de Louis. La mort
de Frédéric aurait mis fin à leurs dissensions, et la
ville se serait dispensée d'expulser les uns et les
autres, et de maintenir pendant dix ans contre eux
la dictature des novemvirs.

Il est à supposer que les hommes ainsi frappés
appartenaient à la noblesse, de même que ceux qui
plus tard, de 1347 à 1360, troublèrent la commune
par leur résistance opiniâtre à de nouvelles institutions. C'est le gouvernement de la cité qu'ils se
disputaient à l'ombre de leurs drapeaux, et c'est
grâce à leurs discordes que les corps de métiers
purent mettre plus complétement la main sur les
affaires communales. Pour justifier ces vues, je n'ai
besoin que de faire remarquer la distinction fonda-
mentale établie entre les exilés et le reste de la population ; même après la rentrée des partis, cette
distinction est la base d'une nouvelle composition

du conseil ; tout en leur accordant une part à l'administration, la commune prend ses précautions pour leur retirer la prépondérance dans ses délibérations et les attributions du pouvoir. N'est-il pas évident que les Noirs et les Rouges, s'ils avaient pu, en rentrant à Colmar, se refondre dans la commune, auraient rendu le novemvirat inutile? Mais loin de désarmer, la ville maintient cette institution, et même après l'expiration du mandat qu'elle avait confié, elle ne remit pas d'un seul jour le soin de le renouveler, en confirmant tous les règlements de police dont les novemvirs pouvaient s'aider, en y ajoutant même cette défense draconienne de se réunir à plus de quatre personnes.

Quelques-unes des mesures prises ont pour but d'assurer la bonne administration du patrimoine et des revenus communaux. Elles laissent supposer ce que d'autres documents prouvent : le désordre effrayant qu'une si longue anarchie avait introduit dans le ménage de la cité. Je range par exemple au nombre de ces preuves l'établissement d'un octroi sur les denrées entrant en ville, accordé par Louis de Bavière, à Haguenau, samedi après la Saint-Gall (23 octobre) 1333 (1). La ville dut en outre se faire autoriser, vers 1335, à aliéner ses communaux. Le texte de cette concession n'est pas connu ; mais son existence est suffisamment démontrée par plusieurs actes de vente qui s'y réfèrent, l'un du 3 juin, l'autre du 1ᵉʳ juillet, un troisième du 23 août, un quatrième du 10 novembre 1335 (2). Même la fortune de

1. Archives de Colmar, CC. Ibidem.
2. Archives de Colmar, DD. Aliénations, et archives de la Haute-Alsace, fonds de la commanderie de Saint-Jean et de Sainte-Catherine.

l'hôpital avait été compromise, et sur les instances du maître et des frères de cette maison, le pape Benoît XII, par une bulle datée d'Avignon, 16 des calendes de juillet (16 juin) 1335, manda à l'abbé (Marquard) de Münster, de faire restituer à l'hôpital les biens qui en avaient été illicitement distraits (1).

XV

E règne de Charles IV est fécond en détails sur l'histoire de nos communes, et quel que soit le jugement que l'on porte sur l'auteur de la Bulle d'or, l'Alsace lui sera toujours reconnaissante de ce qu'il a fait pour elle.

Pour Colmar nous trouvons, dès le premier moment de son avénement définitif à l'Empire, plusieurs documents qui rentrent tout à fait dans le cadre de ces recherches.

Le premier émane de Jean, seigneur de Lichtenberg et doyen de la cathédrale de Strasbourg, qui, en vertu des pouvoirs à lui délégués par Charles IV, garantit aux bourgmestre, conseil, chefs de tribus et bourgeois de Colmar, les priviléges et franchises qui suivent (2).

En premier lieu, il donne son approbation aux règlements de police que la commune a établis pour le maintien de la paix, ou qu'elle établira dans la suite.

Après cela, il confirme l'établissement de trois bourgmestres, et accorde le droit de remplacer

1. Archives de l'hospice, S. A., L. 1, N° 6.
2. Archives de Colmar, AA. Modifications à la constitution du corps municipal.

celui des trois qui viendrait à mourir avant l'expiration de son mandat.

Il confirme également l'organisation du conseil, telle que les bourgeois l'ont fixée. Les deux tribus nobles, qualifiées de buvettes *(Tringstuben)* et dans lesquelles il est permis de reconnaître la Couronne et le Doyen dont il est question ci-dessous, devaient fournir chacune six conseillers; le reste de la communauté *(von gemeinen luten)* un nombre égal de douze notables, ce qui portait le nombre des conseillers à vingt-quatre.

Il approuve l'élection annuelle, par chaque corps de métiers, d'un chef de tribu. La suppression du novemvirat avait donc fait tomber, quant aux zunftmestres, le mode de renouvellement qu'il avait mis en vigueur (voyez p. 43). Ces élus faisaient partie du conseil au même titre que les conseillers proprement dits.

On aura remarqué que le seigneur de Lichtenberg ne nomme point le prévôt dans l'intitulé de sa déclaration. Il le mentionne cependant, mais pour promettre que si le titulaire de cette charge ne l'exerce pas en personne, il ne pourra la céder qu'à la ville.

Ce qui prouve que le délégué de l'empereur sanctionne des innovations et non pas un état de choses ancien, c'est que toutes ces dispositions ne devaient être en vigueur que pendant dix ans, à partir de la date de la déclaration, et tout porte à croire que la ville, en les adoptant ou en les proposant, avait stipulé elle-même la limite de leur durée et leur caractère transitoire.

Jean de Lichtenberg confirme également à la ville la jouissance de l'*umgeld*, moyennant un

abonnement de trois cents livres, et fixe la taille
(gewerfe) et le tribut à l'Empire à la somme de
huit cents petits florins de Florence, soit deux cents
marcs d'argent, payables annuellement à la Saint-
Martin, mais en les exemptant de ce paiement
pendant cinq ans; accorde, même aux bourgeois
non résidants, le droit de n'être point cités devant les
tribunaux de la province, et les amnistie de toutes
les peines encourues à l'occasion des juifs.

Il termine en promettant à la ville de lui procurer
des lettres-patentes du roi des Romains, en confirmation de sa déclaration.

Ce document, daté du jeudi après la Saint-Martin
(15 novembre) 1347, fut en effet suivi de plusieurs
diplômes de Charles IV, datés du mercredi après la
Saint-Nicolas (12 décembre) de la même année (1).

Les uns et les autres ont pour but de dégager la
parole souveraine que Jean de Lichtenberg avait
engagée.

Par le premier, Charles IV tient les bourgeois et
la commune de Colmar quittes de la taille et de la
contribution à l'Empire *(des gewerffes vnd der
sture)* échues à la prochaine Saint-Martin, ainsi que
de la taille et de la contribution qui écherront les
quatre années suivantes.

Par le second, il leur accorde le droit d'établir,
par délibérations de leurs anciens et prud'hommes
formant le conseil, des règlements de police appuyés
de sanctions pénales *(eynung)*; confirme les franchises, droits et bonnes coutumes dont jouissent les
couvents, bourgeois, prêtres et juifs de la ville;
exempte les bourgeois, tant résidants qu'extérieurs,

1. Archives de Colmar, AA. Ibid.

de toute juridiction étrangère, à moins que leur juge
naturel, le tribunal de l'Empire à Colmar, n'ait mal
jugé, et promet de ne pas donner hypothèque sur
la ville pour les dettes de l'Empire, à moins que les
bourgeois n'y consentent verbalement ou par écrit.

Par le troisième enfin, il confirme l'institution des
trois bourgmestres ; approuve que l'on tire des deux
buvettes douze conseillers, dont huit nobles, attendu
que, d'après l'usage, huit nobles doivent siéger au
conseil : à ces douze s'en joignent douze autres,
tirés du sein de la bourgeoisie. En même temps
il sanctionne l'établissement des chefs de tribus et
leur adjonction au conseil avec tous les droits des
autres conseillers, le tout également pour dix ans.
Il ordonne ensuite que si, pendant la même période,
le prévôt nommé par lui se désiste de sa charge
moyennant les émoluments qui y sont attachés, il ne
pourra la céder qu'aux bourgeois et à la commune
Colmar (1).

On voit qu'il n'est pas question de l'*umgeld* ;
quant à l'amnistie promise aux auteurs et aux com-
plices du massacre des juifs, dont la ville avait as-
sumé la responsabilité, Charles IV se montra de
moins facile composition ; cependant il se préoccu-
pait moins des victimes que des biens qu'ils avaient
délaissés et, en partageant avec lui, les égorgeurs
obtinrent leur grâce pleine et entière (2).

1. X. Mossmann, *Additamenta quædam ad Regesta imperii*,
N°ˢ 18, 19, 16. dans le Bulletin de la Société des monuments
historiques, II° série, t. VIII, pp. 100-101. Ces regestes, publiés
en 1872, à l'intention des continuateurs de Bœhmer, sont
restés ignorés de M. Alph. Huber.

2. X. Mossmann, Etude sur l'histoire des Juifs à Colmar,
p. 5.

Quoi qu'il en soit, ces documents nous montrent pour la première fois l'empereur saisi directement de ces questions de constitution communale qui se débattaient au sein de la cité. En même temps ils nous fournissent une nouvelle indication sur le caractère de la lutte que la ville avait soutenue contre les Rouges et les Noirs. Nous avons vu, p. 46, que les anciens exilés, en rentrant à Colmar, furent admis à fournir le tiers du conseil. Le maintien de cette proportion en faveur de la noblesse, par le diplôme de Charles IV confirmant l'usage établi, ne laisse aucun doute sur la classe de la population où les Rouges et les Noirs s'étaient recrutés.

En 1331, comme en 1302, le nombre des bourg-mestres était de quatre. Il est réduit à trois en 1347, non pour reprendre la tradition interrompue des trois saisons qui partageaient l'année des Germains, mais pour donner aux patriciens et aux corps de métiers, quant à ces fonctions, le même équilibre que dans le conseil. Les mesures que nous verrons prendre dans la suite, le prouvent suffisamment.

Nous avons vu, dès 1304, les élus des corps de métiers figurer parmi les représentants de la cité. J'ai supposé à cette occasion que leur coopération devait se restreindre à certains actes de l'administration. Il y a lieu de croire que leur adjonction au conseil, sur le même pied que les membres titulaires, fut, en 1347, une innovation considérable, qui rendit bien illusoire le maintien du nombre des conseillers nobles, et c'est là peut-être ce qui souleva les confédérés de la Couronne contre l'établissement de Jean de Lichtenberg.

Nous ne saurions déterminer comment ils mani-festèrent leur opposition. Il est certain que la ville exigea d'eux une adhésion spéciale et ne l'obtint qu'assez tardivement, le vendredi avant la Saint-Grégoire (7 mars) 1348, c'est-à-dire près de cinq mois après la déclaration de Jean de Lichtenberg. Les réversales qu'ils donnèrent à ce sujet, jettent une vive lumière sur la nature des rapports des bourgeois et de la commune (1).

XVI

LES confédérés de la Couronne, quatre chevaliers, douze écuyers et quatorze plébéiens, s'engagent par un serment solennel *(einen gelerten eit)* dont la formule leur fut lue et fut répétée par eux mot pour mot *(mit gestabeten worten)* en prenant les saints à témoin, la main levée, à n'entreprendre ni dans la ville, ni au dehors, ni par paroles, ni par actions, ni en secret, ni publiquement, rien qui puisse faire tort à la cité, aux bourgeois ou à la communauté.

Si l'un des contractants venait à manquer à son engagement, ce qu'à Dieu ne plaise, il sera interrogé et si, par devant le conseil, assisté de Jean de Ribaupierre, seigneur de la ville haute de Ribauvillé, le témoignage d'hommes recommandables établit la preuve du fait, le coupable sera déclaré parjure, hors la loi et infâme, et ce qu'il a de bien à Colmar confisqué; jamais il ne pourra plus obtenir le droit de bourgeoisie à Colmar, ni même dépasser les croix qui délimitaient la banlieue, à peine d'être arrêté et jugé comme réfractaire.

1. Archives de Colmar, AA. Modifications à la constitution du corps municipal.

Il était stipulé que le coupable ne pourrait invoquer pour sa défense nul privilége d'exemption, pas même l'intervention de l'empereur.

Cependant les délits ordinaires, tels que les coups, les blessures ou tout autre fait de même nature, n'étaient pas considérés comme infraction au serment, et ne pouvaient être punis que par les peines de droit commun.

On pouvait se soustraire aux obligations contractées, en renonçant au droit de bourgeoisie; mais elles reprenaient leur plein effet, dès que l'on rentrait en ville.

Les dénommés s'engagent à tenir leur serment jusqu'à la prochaine Saint-Nicolas (6 décembre) et de là pendant neuf années consécutives. On se souvient que la confirmation accordée par Charles IV à la déclaration de Jean de Lichtenberg, est du 12 décembre 1347, et que la durée de l'organisation consacrée par elle est fixée à dix ans. Il est donc clair que les confédérés de la Couronne se ralliaient à cet établissement, quoique rien ne l'exprime dans l'acte de leur adhésion.

Il fut décidé également qu'en cas de mort ou d'absence de Jean de Ribaupierre, le conseil choisirait un autre arbitre.

En témoignage de cet engagement, les nobles appendirent leurs sceaux à l'instrument, et les plébéiens, faute de pouvoir en faire autant, demandèrent à la ville et au seigneur de Ribaupierre de la munir des leurs.

Suit une déclaration du prévôt, du bourgmestre et du conseil qui, d'accord avec les zunftmestres, s'engagent à appliquer aux confédérés de la Couronne et à ceux du Doyen (*zu dem Techan*) toutes les peines édictées si, étant accusés d'infraction à leur serment, ils ne peuvent se justifier (1).

Le document se termine par une déclaration de Jean de Ribaupierre, acceptant l'arbitrage qui lui était décerné.

Ces réversales nous font juger des prérogatives de l'individu au sein de la commune. Pour faire partie de la cité, pour être soumis à sa loi, il fallait expressément accepter la discipline qu'elle imposait. Cette acceptation même n'entraînait à cette époque aucun effet permanent : elle laissait la commune sans recours contre son bourgeois, quand, par une modification à son régime, elle s'écartait des conditions du contrat primitif. C'était tout remettre en question. Ainsi les droits de l'individu avaient une valeur égale à ceux de la commune, et même ceux de l'un et de l'autre contre-balançaient les droits du souverain. Du moins le document qui nous occupe, place-t-il sans hésiter le nouveau pacte hors de l'atteinte de l'empereur, tellement l'individu et la commune étaient encore peu disposés à abdiquer au profit du pouvoir impérial.

L'engagement pris par les confédérés de la Couronne renferme plusieurs dispositions qui pouvaient donner lieu à des difficultés : telle est l'exception établie pour les délits ordinaires ; telle, la faculté de se soustraire aux effets du serment par la renoncia-

1. La buvette ou poêle du Doyen faisait face au cimetière des frères Déchaux ; c'est aujourd'hui l'hôtel des Trois-Rois. Quant à la Couronne, elle était proche du *Wagkeller* et occupait sans doute une partie de l'emplacement de l'enclos qui donne sur la Grand'rue, au haut du palais. Plus tard, on retrouve la Couronne, toujours comme poêle de la noblesse, sur l'emplacement actuel de la brasserie du Griffon.

tion au droit de boùrgeoisie. Les événements qui suivirent sont une sorte de commentaire des réversales de 1348.

XVII

N 1352, nous trouvons quelques-uns des confédérés exilés de la ville, sous prétexte qu'ils avaient manqué à leur engagement. La rupture d'un contrat de ce genre, c'était la guerre : Colmar pour en atténuer les effets se fit donner des lettres de protection par Rodolphe, comte palatin du Rhin, et vicaire de l'Empire en Allemagne ; en même temps Rodolphe délégua le bailli provincial, comte Hugues de Hohenberg, et Jean de Ribaupierre, le vieux, pour prendre connaissance de la difficulté, l'aplanir à l'amiable ou la juger. Ces lettres sont datées du lundi avant la Saint-Simon et Saint-Jude (22 octobre) 1352 (1).

Je ne sais comment ces délégués devinrent, d'arbitres qu'ils étaient, les adversaires de Colmar. Les exilés, parmi lesquels figurait la nombreuse famille des Wittenheim, se mirent en hostilité ouverte contre la ville, et le comte Hugues fit cause commune avec eux au nom de l'Empire.

De leur côté les bourgmestres, le conseil et les bourgeois de Colmar contractèrent, pour deux ans, une alliance offensive avec les chevaliers Pierre de Bollwiller, Herrmann Waldner, Richard de Zæssingen, Henri de Delle, et avec l'écuyer noble Frédéric de Hadstadt et les soudards sous leurs ordres.

1. Archives de Colmar, AA. Ibid.

D'après cette charte, du mercredi avant la Saint-Jean (19 juin) 1353, chaque fois que la ville ferait appel à ses alliés, en corps ou individuellement, ils devaient venir à son secours avec toutes leurs forces ; seulement, par une réserve spéciale, ils n'étaient tenus à l'assister ni contre l'Empire, ni contre la maison d'Autriche, ni contre les évêques de Strasbourg et de Bâle, ni contre leurs suzerains respectifs, ni contre les villes dont ils étaient bourgeois. Le sire de Bollwiller devait être le chef de ces cinq auxiliaires en campagne (1).

J'ignore les services qu'ils rendirent à la ville; tout ce que je puis dire, c'est qu'au moment des récoltes, le vendredi avant la Saint-Jean (21 juin) le bailli provincial, d'accord avec Ulric, seigneur du Haut-Ribaupierre, fixa les conditions d'un armistice entre les deux partis, valable jusqu'à la Saint-Martin (2). Cet acte nous donne quelques lumières sur l'origine de la guerre, et des détails curieux sur la manière dont elle se fit.

Il fut stipulé que la ville laisserait les nobles de Wittenheim et leurs adhérents reprendre possession de leurs maisons à Colmar, à charge par eux de se soumettre provisoirement aux obligations du pacte communal *(in der wise als su in wider geantwertet sint).*

Ils pourront envoyer leurs domestiques dans la ville, les en faire sortir, les y faire demeurer sans leurs familles, y faire entrer leurs récoltes *(ire guttere)* et les en faire sortir.

Pendant la trève, les bourgeois ne devront pas

1. Archives de Colmar, AA. Ibid.
2. Ibidem.

affaiblir la force des maisons et des cours des nobles
de Wittenheim et de leurs partisans.

Il fut convenu que les prisonniers qui avaient été
faits de part et d'autre, seraient mis en liberté
moyennant caution, afin de les faire participer aux
avantages de l'armistice. On n'excepta que les prisonniers faits à Walbach, gens dangereux dont la
ville pourra, dans les huit jours, prononcer le bannis-
sement. Quant au châtelet de Walbach, il restera
entre les mains de la ville, sans qu'elle puisse le
détruire.

Une infraction au traité ne l'annulait point; seulement dans le mois qui suivrait, la partie lésée pourra
invoquer et appliquer la loi du talion.

Le jugement rendu ou à rendre, au nom de la
ville, contre les nobles de Wittenheim et leurs partisans, pour infraction à leur lettre d'engagement
(stuben-brief) devait avoir son plein effet pendant
la durée de l'armistice, mais sans que les bourgeois
puissent mettre la main sur les biens meubles ou
immeubles des condamnés.

Un autre document, daté du dimanche avant
la Nativité (6 septembre) 1355, nous montre cette
lutte encore sous un autre de ses aspects. C'est
un compromis entre le prévôt, le bourgmestre,
le conseil et les bourgeois de Colmar, d'une part,
le bourgmestre, le conseil et les bourgeois de
Brisach, d'autre part, qui conviennent de déférer
à l'arbitrage de Jean de Lichtenberg, évêque de
Strasbourg, les difficultés qu'ils ont eues au sujet
de l'incendie et de la dévastation du village de
Heiteren *(Heiterheim)* par les gens de Colmar, et
de la capture de quelques-uns de leurs bourgeois
près de Burgheim sur le Rhin, par les gens de

Brisach, voies de fait qui se rattachent à la guerre où la ville de Colmar se trouve engagée contre les nobles de Wittenheim.

En attendant la sentence arbitrale, toutes les hostilités devaient être suspendues et, sur la demande de la ville de Colmar qui, ainsi qu'on le verra plus bas, avait, dans l'intervalle, fait sa paix avec l'Empire, Stislas von der Weytenmühle, grand bailli d'Alsace, qui l'avait autorisée à traiter, joignit son sceau à ceux des deux villes (1).

XVIII

J'IGNORE comment ces complications se poursuivirent. Mais un diplôme impérial, daté de Sélestadt, jeudi après l'invention de la Sainte-Croix (8 mai) 1354, met plus particulièrement en lumière la nature des troubles et des conflits qui se perpétuaient à Colmar, et montre sous tout son jour l'action du pouvoir central qui, pour sévir, ne trouve rien de mieux que de fortifier sa prérogative et de reprendre quelques-uns des avantages dont il s'était dessaisi en faveur de la commune.

Par cet acte remarquable, Charles IV

Alléguant que les bourgeois ont toujours été imposés à 3oo marcs d'argent, présentement réduits à 8oo florins ;

Que contrairement à la coutume de leur ville, ils ont rasé plusieurs maisons ;

Que, pendant les hostilités, ils ont brûlé le village

---

1. Archives de Colmar, AA. Modifications à la constitution du corps municipal.

impérial de *Morswilre* (Niedermorschwihr) et la demeure de son bailli ;

Qu'ils ont frappé des contributions sur les mo-
nastères de l'Empire Pæris et Unterlinden, et porté
dommage à quelques vassaux de l'Empire ;

Déclare que lesdits bourgeois lui en doivent une
juste réparation, et rétablit en conséquence le tribut
à l'Empire au taux de 300 marcs, poids de Colmar ;
qu'ils remettront entre ses mains tous les diplômes
à ce contraire, dont ils seraient nantis et, après avoir
été, pendant sept ans, francs d'impôts, qu'ils recom-
menceront à payer leur contribution à partir du
prochain terme de la Saint-Martin.

De plus, pour réparer le dommage que l'Empire
avait éprouvé à Niedermorschwihr, ils donneront
main-levée pour une de leur ressortissante, à qui le
village de Winzenheim est engagé pour une créance
de 100 marcs.

D'un autre côté, comme la ville est soumise à
l'*umgeld*, moitié à son profit, moitié au profit de
l'Empire, dont le produit montait autrefois à près
de 1500 livres, ancienne valeur de Bâle, mais qui ne
rapporte plus au fisc que 300 livres, le roi des Romains veut que dorénavant ce droit soit perçu par
deux comptables, représentant l'un l'Empire, l'autre
la ville ; la recette sera versée dans une caisse munie
de deux serrures, et l'on fera le décompte aux quatre-temps, pour le produit en être partagé entre les
ayants-droit : si les bourgeois avaient des titres à ce
contraire, ils les restitueraient sans faute.

Les bourgeois ayant décrété que si, à la suite
d'un homicide, le meurtrier s'enfuit et que, s'il rencontre deux échevins, il commette son bien à l'un

d'eux *(dem laszen ich uff min gut)* son patrimoine ne pourra être confisqué, lorsque le crime est déféré au juge, le roi des Romains, de l'avis de ses conseillers, infirme cette disposition, qu'il déclare nulle et non avenue.

Le roi des Romains autorise tous ceux qui avaient été expulsés de la ville à y rentrer ; il leur garantit la paix de la part de ceux qui les avaient exilés, à charge par eux de l'observer également à l'égard de ces derniers, dans les formes et sous les conditions ci-après déterminées :

Les deux partis renouvelleront la convention précédemment conclue entre eux, et choisiront un amiable compositeur, auquel le chef de l'Empire confère à l'avance toutes les attributions dont le sire de Ribaupierre avait été investi naguère ; en même temps ils solliciteront en faveur de leur nouvel accomodement la garantie écrite du duc Albert d'Autriche, de l'évêque de Strasbourg et de l'abbé de Murbach, de telle sorte que, si l'un des partis venait encore à expulser ses adversaires, les garants s'entremettraient immédiatement, au nom de l'Empire, en prenant fait et cause pour les exilés : les infracteurs de la paix seront déchus de tous leurs droits et dévolus, corps et bien, à l'Empire ; pour plus de sûreté, il sera dorénavant interdit aux deux partis qui se sont fait la guerre, de prendre part au renouvellement du conseil, qui sera exclusivement composé de gens du commun ; et, attendu que lesdits partis ont gravement démérité du roi des Romains et de l'Empire, il les condamne à payer au fisc deux mille florins.

En outre Charles IV veut et ordonne que les deux partis se soumettent à l'avenir aux lois qu'il a édictées pour le salut et la prospérité de quelques villes, et qui sont conçues comme il suit :

1° Tout bourgeois qui renonce à la suzeraineté légitime de l'Empire, pour se rendre le vassal d'un autre seigneur, est déclaré déchu de son droit de bourgeoisie, et de toutes les franchises qu'il procure : il ne pourra notamment plus entrer au conseil et devra en outre quitter la ville sur l'heure.

2° Les nobles sont déclarés exclus du conseil, qui ne pourra plus être composé que de marchands ou de membres de corporations plébéiennes *(vs gemeinscheften des Pouels)* à moins que le chef de l'Empire ne révoque cette défense.

3° Le droit d'infirmer les décrets du conseil que le roi des Romains s'est réservé, restera la prérogative de tous ses successeurs.

4° Les bourgmestres et le conseil devront être renouvelés chaque année, et tout bourgeois qui quittera la ville ou qui en sera exilé, donnera caution de ne pas lui porter dommage, non plus qu'aux habitants, à moins d'avoir porté d'abord ses griefs devant l'empereur, devant son bailli ou devant tout autre de ses officiers, et de se tenir pour satisfait de la justice qu'ils lui rendront : à quiconque refusera de donner cette assurance, on retiendra ses biens, meubles et immeubles, jusqu'à ce qu'il ait fourni les garanties exigées.

Enfin le roi des Romains qui avait interdit à la société de la Panthère *(den Pantir)* et à celle de la Couronne de faire alliance avec les villes impériales, et si des hostilités venaient à éclater entre lesdites villes, de donner aide ou conseil à l'un ou à l'autre des belligérants, étend cette défense au conseil et aux bourgeois de Colmar, qui ne devront, dans aucun cas, se liguer avec ces deux associations : en cas de désobéissance, les contrevenants seront dévolus, corps et bien, à l'Empire (1).

Par lui-même ce texte est suffisamment clair. Deux de ses dispositions méritent cependant d'être relevées, et elles se trouvent l'une et l'autre dans le rappel final de la loi promulguée à l'intention des villes impériales.

La première est la défense faite aux bourgeois de se rendre les hommes-liges d'un autre suzerain que l'Empire. Elle contredit formellement l'article du statut municipal de Rodolphe Ier, qui accordait aux bourgeois de Colmar le droit de posséder des fiefs, sans distinction de mouvance, et confirme les hypothèses que j'ai émises à son sujet, p. 13.

La seconde est l'obligation imposée au bourgeois qui renonce à son droit de bourgeoisie ou le perd, de ne pas recourir aux voies de fait contre la ville avant d'avoir soumis ses griefs à l'empereur ou à ses représentants. Cet article est également en désaccord avec la charte de 1278, qui, on s'en souvient, essaya d'établir une prépondérance en faveur de la justice landgraviale.

A la suite du diplôme du 8 mai, Charles IV, qui avait sans doute obtenu les satisfactions qu'il avait réclamées, en émit un second, également à Sélestadt, daté du lundi avant la Saint-Urbain (19 mai) par lequel il absolva le bourgmestre, le conseil et les

1. Archives de Colmar, AA. Ibid. Cet important diplôme s'est retrouvé formant la couverture d'un *Vergihtbuoch de anno 1466 bis 1518;* ce n'est pas l'original, mais au dos la mention: *datum per copiam*, probablement de la main d'un chancelier de Charles IV, ne laisse aucun doute sur son authenticité.

9

bourgeois de Colmar de toutes les peines qu'ils avaient encourues pour avoir offensé l'Empire et son chef (1).

XIX

ENDANT ces graves conflits s'était produit un fait qui devait avoir les résultats les plus importants. Les villes impériales étaient restées depuis quelque temps en dehors des alliances conclues par les grandes villes du Rhin, qui paraissaient avoir principalement pour but la sécurité d'un commerce auquel les premières ne prenaient qu'une faible part. Cependant les états de l'Alsace avaient à protéger, dans les limites de la provinces, des intérêts nombreux qui les poussaient à s'associer entre eux. Ainsi dès le 15 avril 1333, le sire Jean de Hallwyll, pour le compte des ducs Albert et Othon d'Autriche, les villes de Strasbourg, Bâle, Haguenau, Rosheim, Sélestadt, Colmar, Brisach, Neuenburg et Rheinfelden, firent alliance pour assiéger le château de Schwanau, qui leur causait des dommages (2). Le 21 février 1338, les mêmes alliés, augmentés de plusieurs autres, établirent une paix provinciale commune aux deux rives du Rhin (3) et, le 19 mai 1338, à Colmar même, l'évêque de Strasbourg, plusieurs autres seigneurs, les villes de Strasbourg, Colmar, Haguenau et autres se liguèrent pour se mettre à l'abri des entreprises du

1. Archives de Colmar, AA. Modifications à la constitution du corps municipal.
2. Archives de Colmar, AA. Paix provinciale.
3. Ibidem.

fameux Armleder, qui avait reçu du ciel la mission d'exterminer les juifs (1).

La paix provinciale avait été renouvelée pour trois ans, le 12 octobre 1342, mais bornée aux seules villes d'Obernai, Sélestadt, Colmar, Kaysersberg, Münster et Mulhouse (2) et, le 20 mai 1343, l'évêque de Strasbourg, les landgraves de la basse Alsace et la ville de Strasbourg y donnèrent tardivement leur adhésion, pour les deux ans qu'elle avait encore à courir (3). Cette alliance avait été prorogée le 3 mars 1345, pour cinq ans, avec l'adhésion de la plupart des seigneurs d'Alsace et même avec celle des villes de Bâle, de Fribourg, de Brisach et de Neuenburg (4). Mais les intérêts que ces grandes alliances avaient à protéger, étaient trop divergents pour faire négliger à nos villes impériales leurs ligues particulières, et les mêmes qui avaient souscrit le traité du 12 octobre 1342, s'entendirent, le 20 mai 1346, pour le maintenir encore pendant trois ans (5).

A l'avénement de Charles IV, les villes de Colmar, Schlestadt, Mulhouse, Münster, Türkheim, Kaysersberg, Obernai et Rosheim avaient demandé et obtenu, daté du lundi après la Sainte-Lucie (17 décembre) 1347, l'engagement du roi des Romains de ne jamais les aliéner, soit de leur conserver leur immédiateté (6). Les affinités avaient donc déjà formé le groupe, et l'alliance que Charles IV établit entre les mêmes villes, par un diplôme daté de Ra-

1. Lunig., *Reichs-Archiv*, t. VII, p. 12.
2. Archives de Colmar, AA. Paix provinciale.
3. Wencker, *von Ausburgern*, p. 53.
4. Ibidem, p. 59.
5. Archives de Colmar, AA. Paix provinciale.
6. *Als. diplom.*, t. II, p. 188.

tisbonne, jeudi après la Saint-Barthélemy (28 août) 1354, reconnut et rendit plus réelle la solidarité de leurs intérêts (1). Ce fut l'origine de la Décapole ou ligue des dix villes impériales d'Alsace.

L'établissement de la ligue des dix villes marque, pour les grandes communes de l'Alsace, l'avénement d'une ère nouvelle. Il en fit un solide faisceau qui, entre les mains du bailli provincial, devint l'instrument le plus sûr du maintien de l'ordre. Il remplaça la violence par les formes judiciaires, l'arbitraire des administrations locales par la justice collective de la Décapole. Quelques-unes des dispositions prescrites par Charles IV semblent dictées par la situation où Colmar se trouvait alors, ou expliquent des faits que nous allons encore rencontrer.

Si l'une des villes de l'association a des difficultés avec un seigneur, une ville, des villages ou des particuliers, elle en rendra compte au bailli provincial, en fixant un jour à la partie adverse et en convoquant les députés des autres villes, pour régler le litige en commun. Si la partie adverse ne se rend pas à cette diète, ou ne se soumet pas au jugement qu'elle aura prononcé, les villes emploieront la force pour la réparation du dommage causé.

Si, dans l'une des villes, il survient un soulèvement contre le magistrat ou contre le représentant de l'Empire, dès que ses confédérés en auront connaissance et sans autre avertissement, ils viendront en aide au pouvoir légal avec toutes leurs forces, et ne déposeront les armes qu'après le rétablissement de l'ordre.

1. Archives de Colmar, AA. Paix provinciale.

Les difficultés des villes entre elles étaient également prévues; elles devaient être réglées par le jugement du bailli provincial et de la confédération, sinon par l'intervention de la force commune.

Si un bourgeois de l'une des villes venait à manquer au magistrat ou à la commune, il en sera puni par l'exil, sauf à la ville qui l'aura prononcé à rendre compte au bailli provincial et à ses confédérés. S'il est prouvé que le bourgeois est coupable, on lui infligera telle peine que de raison, et tant qu'il n'y aura pas satisfait, il ne pourra être reçu bourgeois, ni même admis à résider dans aucune des villes confédérées. Mais s'il est reconnu innocent, le bailli provincial et les villes s'entremettront auprès de celle qui l'aura condamné injustement, pour le faire rentrer dans tous ses droits.

Tels sont les points principaux de la charte commune des dix villes impériales. Les cités auxquelles elles s'appliqua, y perdirent une partie de leur autonomie, mais ce fut plutôt au bénéfice de leur association que du souverain.

Du reste malgré les précédents de l'alliance, on ne peut douter qu'elle ne soit due à un *proprio motu* de Charles IV, s'appropriant et développant une organisation qui avait déjà fait ses preuves. Le diplôme du 28 août en fait foi, et ce qui prouve qu'il n'est pas dû aux sollicitations des villes, c'est qu'elles l'insérèrent textuellement dans un instrument en forme de traité, daté du mardi après la Saint-Matthieu (23 septembre) 1354, qui donna à ce lien le caractère d'un véritable contrat. Mais malgré leur commune mouvance de l'Empire, toutes ne montrèrent pas le même empressement à obéir aux injonctions du roi des Romains. En effet, quoique dans l'original la place des sceaux de Haguenau et de Wissembourg soit réservée, jamais les lemnisques où ils devaient être appendus ne les ont portés. On remarquera que ni l'une ni l'autre de ces villes n'avait fait partie des alliances spontanées antérieures. Cependant le mandement du 28 août les liait au même titre que le reste de la Décapole, et il suffit pour les y maintenir.

XX

NOUS pouvons maintenant reprendre notre récit au point où nous l'avons laissé.

Le dimanche *Esto mihi* (16 mars) 1356, le bailli provincial Burcard, burgrave de Magdebourg, « considérant qu'il a reçu mission de l'empereur de prévenir et de détourner, en Alsace, tous les dangers qui menaçaient l'Empire ou ses ressortissants, et préoccupé des désordres qui avaient déjà eu lieu à Colmar, ou qui pouvaient encore y survenir, » institua, par forme d'injonction à la ville, un pouvoir nouveau, qu'il importe de bien connaître [1].

C'était un collége de vingt-trois membres, les vingt premiers nommés chacun par l'une des vingt tribus ; deux autres pris dans la noblesse par le conseil ; ces derniers devaient être « deux hommes d'honneur, les plus pacifiques qu'il se pourra. »

Les vingt-deux ainsi nommés, aidés du conseil, se choisiront un chef ou président tiré du sein de la commune, chargé de convoquer le collége, qui lui devra obéissance en tant qu'il sera besoin.

1. Archives de Colmar, AA. Modifications à la constitution du corps municipal.

Tous les bourgeois indistinctement devront prêter serment aux Vingt-trois.

Après cela n'est-il pas singulier que les attributions d'un pouvoir évidemment permanent aient un caractère purement transitoire ? Son action se limitait aux interrègnes. Pendant toute leur durée, le collége devenait une sorte de comité de salut public, investi d'une véritable dictature. La moindre résistance à ses ordres était punie d'un exil perpétuel, de la perte de tous les droits à Colmar, de la confiscation de tous les biens, meubles et immeubles, moitié au profit de l'empereur, moitié au profit de la ville qui devait jurer de retenir sa part, et de ne point l'abandonner au coupable. L'autorité des Vingt-trois n'expirait que le jour où le nouvel empereur choisi par les électeurs, d'après les prescriptions de la Bulle d'or, était reconnu *(empfangen)* comme tel par les villes libres et les villes impériales.

Après avoir prescrit des mesures pour éviter les vacances au sein du collége, le bailli provincial mande expressément aux nobles habitant Colmar ou qui viendraient à l'habiter, de jurer obéissance aux Vingt-trois et d'appendre leur sceau à son ordonnance, s'ils ne veulent encourir les peines édictées. Il ordonna également que chaque année, au renouvellement du magistrat, le conseil et la communauté prêteraient serment de maintenir l'institution des Vingt-trois.

Suivant toute apparence, les Vingt-trois étaient nommés à vie, et la charte nous a conservé les noms des bourgeois qui furent investis pour la première fois de cette magistrature, et la désignation des vingt tribus qui les ont nommés. Il n'est pas toujours facile de trouver une interprétation plausible à des noms de professions mal déterminées ou inconnues aujourd'hui. Je vais cependant essayer de le faire, car il me semble que, même incomplétement comprise, cette nomenclature a son intérêt.

Ce sont : 1° les négociants *(undern Koufflûten)* dont le représentant porte un nom qui nous a déjà occupé, Burklin Rebmann ;

2° Les marchands de vin *(undern winlûten)* ;

3° Les laboureurs *(undern ackerlûten)* ;

4° Les marchands de grains *(undern kornlûten)*;

5° Les vignerons ;

6° Les faucheurs *(undern medern)* ;

7° Les boulangers ;

8° Les tanneurs ;

9° Les cordonniers ;

10° Les bouchers ;

11° Les maréchaux, représentés par maître André Gloggener, le fondeur de cloches que d'intéressantes recherches de feu M. Schnéegans et la belle étude de notre regretté Ch. Gérard nous ont fait connaître (1).

12° Les jardiniers ;

13° Les meuniers ;

14° Les marchands ou épiciers *(undern Kremeren)*;

15° Les fourreurs ;

16° Les tonneliers ;

17° Les tailleurs de pierre ;

18° Les drapiers *(undern gratûchern)* ;

---

1. Maître André de Colmar. Revue d'Alsace, 1851, p. 510. Ch. Gérard, Les Artistes de l'Alsace au moyen-âge, t. 1er, p. 329.

19° Les pêcheurs ;

20° Les tailleurs.

Nous trouvons également dans cette ordonnance l'énumération des nobles alors domiciliés à Colmar. Ils sont au nombre de trente : douze chevaliers et dix-huit écuyers, en y comprenant ceux qui, n'étant pas présents à Colmar lors de la rédaction de l'acte, y adhérèrent par lettres d'attache. Il y avait deux Schultheiss, un Mittelnheim, sept Wittenheim, un Nortgasse, deux Morschwiller, un Girsberg, un Ruest, deux Bebelnheim, deux Isenburg, un Sulzbach. Les autres appartiennent à des familles moins connues.

Il est facile de comprendre qu'un nombre pareil d'hommes habitués au maniement des armes, disposant d'une clientèle dévouée, fortement soutenus au dehors, et si étrangers aux intérêts plébéiens, ait été souvent un danger pour la ville et ait obligé les bourgeois aux plus grands efforts pour assurer leur prépondérance.

XXI

AU commencement de l'année 1358 de nouveaux troubles éclatèrent.

La *Coronica quædam*, que nous avons déjà eu occasion de citer, p. 34, note 1, sur cette période de l'histoire de Colmar, les mentionne dans les termes suivants :

« En l'an où l'on compta 1358, beaucoup de membres des familles patriciennes *(geslecht)* de Colmar, nobles et roturiers, avaient fait société ensemble ; ils se donnaient le nom de *Scheppeler*, et ils renversèrent violemment le conseil ; voilà pourquoi ils

10

furent expulsés par le duc Rodolphe d'Autriche, *qui était un ennemi de l'Empire* (1).

Telle fut en effet la violence du soulèvement que les pouvoirs municipaux n'y purent résister et, ainsi que la Chronique l'affirme, le grand bailli Rodolphe IV l'Ingénieux, duc d'Autriche, accourut à la tête de ses vassaux et des contingents de la Décapole. Colmar subit un nouveau siége et, d'après les expressions du titre que nous allons analyser et les actes de justice accomplis par le duc Rodolphe, il est permis de croire que la ville tombée aux mains des révoltés se défendit contre le bailli provincial, qui n'en aurait obtenu l'entrée que par la force. Le jugement rendu par le duc Rodolphe nous fait connaître les fauteurs de la révolte : sur les trente nobles qui avaient donné leur adhésion à l'ordonnance de Burcard de Magdebourg, il figure dans cette liste sept chevaliers, quatorze écuyers, de plus vingt-six bourgeois affiliés à la noblesse. Les Wittenheim, cette famille si redoutable pour la ville, qui lui avait déjà fait la guerre en 1353 et qui formait évidemment le noyau de toute opposition, sont au nombre de huit, parmi lesquels se trouve Kuntz de Wittenheim, dit Alber, l'un des deux nobles pacifiques que l'on avait jugés dignes de faire partie du collége des Vingt-trois. Après ce groupe, il faut nommer trois Schultheiss, un Nortgasse, un Westhaus, un Herkheim, un Blienswiller, deux Isenburg, un Ruest. Et ce ne furent pas les seuls : un document postérieur fait connaître vingt-deux autres noms, parmi lesquels un chevalier et vingt écuyers, qui partagèrent l'exil prononcé contre les premiers,

1. *Alsatia*, 1873-1874, p. 231.

mais qui, ne s'étant pas soumis immédiatement, ne purent être compris dans l'acte de pacification du duc Rodolphe.

La date de son intervention est fixée par deux documents qui se complètent l'un l'autre : le premier est une inscription que l'on dirait empruntée aux usages épigraphiques des anciens, et qui constate que « l'an 1358, le lundi après la Sainte-Agnès (22 janvier) le sérénissime prince Rodolphe, duc d'Autriche, étant vicaire de l'Empire par toute l'Alsace, jugea et prononça condamnation au sujet du soulèvement qui a eu lieu contre le bailli provincial, le bourgmestre et le conseil de Colmar et, pour ce, fit abattre cette maison, qui ne devra plus être rebâtie, en perpétuelle commémoration » (1).

Le second de ces documents est une ordonnance datée du lundi avant la Chandeleur (29 janvier) et rendue par le duc Rodolphe, en vertu des pouvoirs qu'il tenait de l'empereur, et d'après les conseils de l'évêque de Strasbourg et de l'abbé de Murbach (2).

Rodolphe commença par défendre en termes généraux toute division dans la cité; notammeut en ce qui concerne le dernier soulèvement, les deux partis devront se donner une amnistie réciproque,

1. Il existe deux exemplaires de cette inscription, l'une rue des Blés, maison de M. le baron Sigismond Meyer de Schauensée, l'autre rue des Marchands, maison de M. Chevalier. V. le texte dans le Musée historique de l'Alsace de M. J. Rothmüller, Haut-Rhin, p. 128. Il existe un bon dessin de l'inscription de M. le baron Meyer, de la main de M. Ch. Goutzwiller, dans la Chronique de Colmar, par J. Liblin, t. II, p. 261.

2. Archives de Colmar, AA. Troubles de 1358 et nouvelles modifications à la constitution du corps municipal.

ainsi qu'ils le lui avaient promis par serment. Mais il eut soin de réserver, au nom de l'Empire, la punition des promoteurs de la révolte. Tous les bourgeois, nobles et plébéiens, devaient lui prêter aide et assistance pour les atteindre, soit qu'il les condamne par classes, soit qu'il les frappe individuellement.

Le bailli provincial, le prévôt, les quatre bourgmestres et les conseillers légalement institués, de même que les agents nommés par le conseil, devaient avoir plein pouvoir de juger et d'administrer conformément aux anciens droits, franchises et coutumes de la ville, sauf les cas réservés à l'Empire.

Le duc Rodolphe ordonna également que tous les habitants, nobles et roturiers, depuis l'âge de quatorze ans, prêteraient tous les ans, le lundi de la Pentecôte, le serment d'être soumis au bailli provincial, au prévôt, aux officiers municipaux, au conseil et à ses agents, et de les assister de leurs bras et de leurs avis.

Les corps de métiers devront également obéissance à leurs élus respectifs, et s'il survient des troubles, soulèvements ou conflits, chacun courra se ranger sous la bannière du chef de sa tribu. Le zunftmestre avec tout son monde, armé ou non armé, ira se mettre à la disposition du bourgmestre en exercice, pour l'aider à prévenir le dommage qui pourrait menacer l'Empire, la ville ou les bourgeois.

Si l'empereur, le bailli provincial ou le prévôt se trouve à Colmar, le bourgmestre prendra les ordres du représentant de l'Empire.

Défense formelle est faite aux nobles de se présenter en armes dans les rues, dans un moment de troubles. Par contre chaque bourgeois, noble ou roturier, est tenu de s'armer, quand l'empereur, le bailli provincial ou le prévôt lui en donne l'ordre.

Il est également défendu à qui que soit de s'élever contre les actes des officiers de l'administration. Il n'appartient qu'à l'empereur, au bailli provincial, au prévôt, aux bourgmestres et au conseil d'en connaître et, s'il y a lieu, de punir.

S'il survient de nouvelles révoltes dans la ville, le bourgmestre et le conseil devront résister vigoureusement, et le prévôt jugera les fauteurs des désordres conformément à la coutume.

La taverne *Zu dem Zscheppelin*, d'où les conjurés avaient pris leur sobriquet de *Scheppeler*, et tous les autres lieux de réunion nouvellement établis seront fermés, et l'on ne pourra dorénavant en ouvrir d'autres, sans l'aveu de l'empereur ou du bailli provincial.

Le duc Rodolphe défend ensuite à qui que soit, de garder rancune à ceux qui lui ont prêté assistance dans son entreprise pour la pacification de la ville.

Le serment prêté chaque année par les bourgeois comprendra les dispositions arrêtées par le duc d'Autriche. Toute infraction sera déférée au bailli provincial, au prévôt ou au conseil, et si le fait est avéré, le coupable sera déclaré parjure, infâme et déchu de tous ses droits ; les biens meubles et immeubles qu'il possédera dans la ville et sa banlieue, seront confisqués au profit de l'Empire, et défense est faite à tous les états séculiers et ecclésiastiques, villes impériales et autres, de lui donner asile ou de l'admettre à communauté. De plus il encourra la disgrâce de l'empereur et l'inimitié du duc Rodolphe.

Il s'engage encore, pour tout le temps qu'il restera bailli provincial en Alsace, en son nom et au nom de l'évêque de Strasbourg et de l'abbé de Murbach, à prêter aide et conseil à la ville de Colmar contre les coupables.

Il fut également décidé que certains nobles et leurs clients, désignés par leurs noms, s'engageront par lettres réversales à ne pas enfreindre les mesures prises en cette circonstance. Ils devront en outre, dans l'espace d'un mois, présenter caution au magistrat, et si l'un d'eux venait à perdre sa caution, il la remplacerait dans le même délai. Les cautions elles-mêmes étaient tenues de fournir leurs réversales. Cependant si l'un de ces hommes si étroitement liés venait à mourir, ses héritiers n'étaient plus soumis qu'à prêter le serment annuel, comme les autres bourgeois.

Le magistrat en recevant un nouveau bourgeois devait lui prescrire l'observation des diverses mesures générales édictées par le duc Rodolphe, et par dérogation aux principes établis dans les réversales du 7 mars 1348, il fut stipulé que la renonciation au droit de bourgeoisie ne pourrait plus relever de l'engagement contracté.

Enfin le duc d'Autriche réserva les droits de l'empereur et du bailli provincial à Colmar, et stipula expressément qu'il dépendrait de leur appréciation de rapporter ou de modifier son ordonnance.

Cet acte fut validé par l'appension des sceaux de l'évêque de Strasbourg et de l'abbé de Murbach, ainsi que de celui de la ville de Colmar. Les deux prélats s'engagèrent à prêter la main à l'exécution de l'ordonnance dans la mesure qui leur compétait, et le bourgmestre, le conseil et les bourgeois jurèrent solennellement, en prenant les saints à témoin, de maintenir et observer toutes les prescriptions qu'elle renfermait (1). De leur côté, les individus désignés dans ce document, comme devant y adhérer par écrit, donnèrent leurs réversales dans la forme voulue, le jeudi, jour de la Chaire de Saint-Pierre à Antioche (22 février) de la même année. En outre l'ordonnance fut confirmée par Charles IV à Nuremberg, le jour de Saint-Pierre et Saint-Paul (29 juin) et l'empereur en la sanctionnant reconnaît qu'elle a été rendue en commun par son gendre le duc Rodolphe, l'évêque Jean de Strasbourg et l'abbé de Murbach, aidés des conseils des villes de l'Alsace (2).

Tout en l'homologuant, l'ordonnance de son gendre ne parut même pas suffisante à l'empereur. Le jour même où il la confirma, il bailla un rescrit par lequel il ordonna que tout habitant de Colmar qui, renonçant à la suzeraineté de l'Empire, se rendrait le vassal d'un autre seigneur, serait *ipso facto* déchu de ses droits de bourgeoisie ; il défendit de plus de faire entrer dans le conseil les nobles et tous ceux qui sont engagés dans les partis, permit aux bourgeois de prendre les armes contre ceux de leurs exilés qui, pour se venger, leur auraient causé des dommages, et termine en mandant au duc Rodolphe, ainsi qu'aux villes de la province, de prêter aide et assistance à la ville de Colmar, dans les guerres qu'elle aurait à soutenir pour cette cause (3).

On remarquera que ce rescrit confirme l'abrogation déjà prononcée par le diplôme du 8 mai 1354 (v. ci-dessus p. 64) de l'article du statut muni-

---

1. Archives de Colmar, AA. Ibidem.
2. Archives de Colmar, AA. Ibidem.
3. Archives de Colmar, AA. Ibidem.

cipal de Rodolphe de Habsbourg, qui autorisait les bourgeois de Colmar à posséder des fiefs. Cette mesure atteignait surtout des vassaux autrichiens, et peut-être n'était-elle pas sans viser l'ambitieux Rodolphe IV, que son alliance avec la fille de Charles IV et son titre de lieutenant de l'empereur n'empêchèrent jamais de poursuivre des intérêts opposés. C'est ce qu'exprime sans doute la *Coronica quædam*, quand, pour conclure sa mention des troubles de 1358, elle le traite d'ennemi de l'Empire.

Les actes dont il vient d'être question parlent plus haut que toutes les réflexions que je pourrais faire. Ils révèlent une commune bouleversée jusque dans ses fondements, une administration impuissante devant une minorité factieuse, une majorité sans discipline, hésitante, désorganisée.

Les mesures à prendre devaient restaurer en même temps l'ordre moral et l'ordre matériel. Il fallait à la fois rendre aux magistrats leur autorité légale et y soumettre leurs justiciables et leurs administrés, créer une force publique et des moyens de répression contre ceux des habitants qui viendraient encore à troubler la commune.

L'inspirateur évident de ces mesures, l'empereur Charles IV, crut arriver à la restauration morale du pouvoir en renforçant le système hiérarchique de la commune, et en le rattachant solidement à celui de l'Empire. Par une conséquence nécessaire, l'autorité de l'empereur considérée comme base et principe de toute hiérarchie, devint plus réelle et plus directe sur la commune, malgré la série d'intermédiaires par laquelle elle passait, et au travers de ces mesures que le *caveant consules* explique, s'il

ne les justifie, on voit poindre l'empereur tel que le
statut de Rodolphe de Habsbourg le conçoit, incar-
nation vivante de l'idée d'ordre, d'unité et de justice,
tirant son principe de Dieu, comme il est lui-même
le principe de la loi.

Ce dogme de la souveraineté n'a jamais trouvé à
s'appliquer d'une manière absolue chez les peuples
d'origine germanique. Cependant après en avoir
appris la formule du prince qui conquit pour lui et
pour sa race le trône impérial, Colmar le vit mettre
en pratique en cette circonstance par Charles IV et
par le duc Rodolphe, et en fut un moment écrasé,
en 1627, sous Ferdinand II.

Dans l'usage qu'il fit des attributions de la toute-
puissance impériale, le duc d'Autriche montra une
certaine déférence envers ses conseillers, prélats et
villes d'Alsace. Toutefois en frappant la libre expression de l'opinion, en règlementant le droit de
se réunir, il montra suffisamment que les droits du
souverain ne peuvent s'étendre, sans restreindre en
proportion la liberté légitime de l'individu.

XXII

'EXIL prononcé par le duc Rodolphe s'éten-
dait à un trop grand nombre pour être
longtemps maintenu. Par un acte daté de
Colmar, jeudi avant la Nativité de la Vierge
(5 septembre) 1359, Frédéric duc de Teck, bailli
provincial des possessions autrichiennes de Souabe
et d'Alsace, assisté de nobles personnages, conseillers du duc d'Autriche, et des magistrats des
villes impériales de Schlestadt, Mulhouse, Kaysersberg, Obernai, Rosheim, Türkheim et Münster,

11

prononça définitivement sur leur sort (1). A l'exception du chevalier Conrad dit Lentsch de Wittenheim et de Philippe dit Bitter de Bebelnheim, que nous trouvons mentionné comme écuyer en 1348 (2) en 1350 (3) en 1351 (4) en 1356 (5) et que le duc de Teck s'obstine à nommer ici sans le qualifier; ces deux seuls exceptés, tous les autres exilés sont admis à rentrer à Colmar avec les droits, libertés et bonnes coutumes dont jouissent les autres habitants.

Quant aux deux principaux coupables, Lentsch de Wittenheim et Bitter de Bebelnheim, leur exil fut maintenu pendant six mois encore à partir de l'arrêté de Frédéric de Teck, et même après ce délai, il fut ordonné qu'ils ne pourraient rentrer à Colmar que du consentement du bailli provincial de la Décapole, et en donnant à la ville les sûretés les plus positives.

Les nobles rentrant à Colmar durent se soumettre aux prescriptions de l'ordonnance de 1358. Toute infraction tombait de droit sous le coup des peines édictées par elle.

Enfin le duc Frédéric enjoignit aux nobles et aux plébéiens qu'il amnistiait, sous la foi de leur serment envers l'Empire, le prévôt, le bourgmestre et le conseil de Colmar, de rompre l'alliance qu'ils avaient contractée entre eux, attendu que leur nouveau

1. Archives de Colmar, AA. Ibidem.

2. 7 mars, ibidem, AA. Modifications à la constitution du corps municipal.

3. 6 août, archives du Haut-Rhin, fonds de Saint-Martin.

4. 19 juillet, ibidem, fonds de Saint-Jean.

5. 16 mars, archives de Colmar, AA. Modifications à la constituton du corps municipal.

serment rendait caduc celui qu'ils avaient prêté
précédemment.

A la suite de cette sentence (*richtung*) les nobles
et les bourgeois dénommés reconnaissent avoir
prêté le serment en question, et s'engagent à l'observer fidèlement ; à leur prière et à titre de garantie,
les conseillers du duc d'Autriche et les magistrats
des villes impériales déclarent revêtir ce document
de leurs sceaux.

XXIII

E soulèvement qui paraît avoir été, même
au sein de la Décapole, un fait considérable,
fut en réalité le point de départ de la dernière organisation municipale de Colmar.
Une nouvelle ordonnance de Burcard, burgrave de
Magdebourg, la fixa définitivement, à peu de choses
près, telle qu'elle a subsisté jusqu'au moment où
Louis XIV fit de notre cité une commune française.

Le document dont il s'agit, est daté de Colmar,
mercredi avant *Lætare* (15 mars) 1360 (1). Il fixe, en
commençant, le nombre des conseillers à trente, huit
nobles et deux bourgeois affiliés à la noblesse, qui
devront être pris, est-il expressément dit, parmi les
signataires de l'acte de pacification du duc Rodolphe
d'Autriche ; les vingt autres tirés des corps de métiers. La part des tribus à la représentation commune ne se borna point là : il fut stipulé que chaque
fois que le conseil se rassemblerait au son de la
cloche, les zunftmestres assisteraient à la séance sur
le même pied que les conseillers titulaires.

1. Archives de Colmar, AA. Troubles de 1358.

A la Pentecôte, jour fixé pour l'élection des conseillers et des chefs de tribus, on devait également procéder à la désignation de trois bourgmestres, qui seraient, chacun à tour de rôle, en fonctions pendant quatre mois. L'un devait être pris parmi les dix conseillers pour la noblesse ; les deux autres parmi les vingt représentants de la bourgeoisie. Afin d'isoler l'administration du bourgmestre noble, il ne devait être en exercice qu'au milieu de l'année, qui s'ouvrirait et se clorait par les bourgmestres plébéiens.

Le bourgmestre-régent n'était plus du reste le magistrat suprême de la cité : c'est désormais l'élu des chefs de tribus, nommé également à la Pentecôte par l'accord unanime des zunftmestres. Il porte dans l'ordonnance le titre d'*oberster zunftmeister* ; c'est l'obristmestre des temps plus modernes, le même officier qui s'appelait à Strasbourg ammestre ou *handwerksmeister* et que l'on trouve à Colmar, sous le nom d'*ammanmeister*, dans des chartes antérieures du 10 septembre et du 20 décembre 1348 (1) et du 10 avril 1352 (2).

Si cependant les chefs de tribus ne pouvaient s'accorder sur ce choix, le bailli provincial, ou son représentant, et le conseil se joindront à eux, et le candidat qui réunira le plus de suffrages, sera le chef des zunftmestres pour la durée d'une année, et aura en garde la bannière de la ville.

Les trois bourgmestres, le conseil et les zunftmestres auront à lui attribuer huit tribus qui seront

1. Archives de Colmar, AA. Titres de propriété, et archives du Haut-Rhin, fonds de Saint-Martin.
2. Archives du Haut-Rhin, fonds d'Unterlinden.

directement sous ses ordres, et s'il survient une révolte de jour ou de nuit, les huit tribus devront accourir et se mettre à sa disposition.

Les trois bourgmestres se partageront les douze autres tribus, de telle sorte qu'en cas de troubles chacun d'eux en réunisse quatre, avec lesquelles il se ralliera à l'obristmestre pour l'aider dans la défense de l'ordre menacé.

En cas de décès de l'obristmestre en fonctions, il sera remplacé immédiatement d'après les formes de l'élection annuelle.

On déroge pour la première année au principe du renouvellement annuel des bourgmestres, du conseil et des zunftmestres à la Pentecôte, le bailli provincial prolongeant les pouvoirs des officiers en exercice jusqu'à la Pentecôte de l'année 1361.

Les renouvellements annuels pourront maintenir en fonctions autant d'anciens conseillers qu'on jugera nécessaire, mais il y aura toujours deux fois autant de plébéiens que de nobles.

Si l'empereur vient à mourir, tous les magistrats municipaux, depuis l'obristmestre jusqu'aux chefs de tribus, garderont leurs pouvoirs tels que l'élection les leur a conférés, jusqu'au moment où la ville de Colmar aura reconnu le nouvel empereur et lui aura prêté hommage et obéissance.

Cette ordonnance devait être permanente et régir la commune à jamais ; tous les ans, à la Pentecôte, chacun devra jurer d'en maintenir fidèlement les dispositions. Toutefois le bailli provincial réserve tous les actes antérieurs, notamment les diplômes impériaux et les lettres de soumission ou réversales dont la ville se trouve nantie et qu'il n'entend pas abroger. Il stipule en outre que si les nobles ou les bourgeois qui leur étaient incorporés, venaient à enfreindre l'acte de pacification du duc Rodolphe, il en serait rendu compte au bailli provincial, qui conserve la faculté de rapporter la présente ordonnance. Dans ce cas, on reviendra de droit au mode d'élection des bourgmestres et du conseil en usage précédemment.

L'empereur Charles, par un diplôme daté de Prague, jour de l'Assomption (15 août) 1361, donna son approbation à l'acte organique du burgrave de Magdebourg, qu'il reconnaît avoir été promulgué par son ordre spécial (1.) Il n'ajouta qu'une disposition de plus en faveur de l'obristmestre, qui devait avoir le droit de convoquer *(besenden)* les chefs de tribus, tôt ou tard, chaque fois qu'il le jugerait opportun.

Je ne veux pas examiner quelles devinrent dans la suite les prérogatives du nouveau magistrat. Il apparaît ici comme chef militaire des corps de métiers, plutôt que comme administrateur. Le but du bailli provincial semble du reste avoir été, tout en ramenant la noblesse aux voies légales et en lui conférant plus largement des fonctions communales, de créer une armée de l'ordre au moyen des corps de métiers, de manière à les rendre prépondérants dans la rue comme dans l'administration.

Les prescriptions de cette ordonnance relatives à l'interrègne, pendant lequel les officiers de la commune conservent leurs pouvoirs sans être réélus, me paraissent signifier la suppression du collège des Vingt-trois, institué en 1356 en vue de prévenir les effets des interrègnes. Ses attributions passant aux

1. Archives de Colmar, AA. Troubles de 1358.

magistrats ordinaires, il devenait une complication inutile ou dangereuse. L'ordonnance de 1356 est d'ailleurs la seule trace que je connaisse de cette institution, et l'on peut inférer du silence des documents ultérieurs, qu'elle dura peu.

XXIV

AVANT d'en finir avec cette période orageuse, qu'il me soit permis de m'occuper encore un instant d'un homme qui paraît y avoir joué un rôle considérable. A la tête de l'opposition toujours abattue et toujours renaissante de la noblesse, dans les actes de 1348, de 1356, de 1358, de 1359 et de 1360, figure constamment le nom du chevalier Sigfrid Schultheiss. Dans les réversales de 1348, il est entouré de ses deux fils, Hanmann et Walther, écuyers, dont le premier, devenu chevalier, fit partie pour la noblesse du collége des Vingt-trois. L'acte de soumission à l'ordonnance de Rodolphe d'Autriche nous fait connaître un autre de ses fils, Frédéric, également écuyer.

Sigfrid Schultheiss prend part, le premier des conseillers nobles, à un échange de propriétés fait le vendredi avant la Saint-Laurent (6 août) 1350, entre la ville et le chapitre de Saint-Martin (1). Il occupe le même rang dans un acte de la veille de la Sainte-Marguerite (14 juillet) 1350, par lequel la ville donne son approbation à la plantation de poteaux dans la Lauch, pour consolider la clôture de la commanderie de Saint-Jean (2). Antérieurement il

1. Archives du Haut-Rhin, fonds de Saint-Martin.
2. Ibidem, fonds de la commanderie.

atteste comme premier témoin un acte du 13 décembre 1348 (1) un contrat de vente du 23 juin 1344 (2) et un autre contrat du 8 avril 1342 (3). Le 12 février 1340, il scelle comme tuteur une déclaration de Marguerite de Haus, veuve de Werner de Nordgasse (4). Il figure, comme témoin et avec la qualité de chevalier, dans un contrat du 29 juillet 1333 (5); plus anciennement nous le trouvons compris, lui sixième sur huit, dans le traité conclu le 4 octobre 1331, entre la ville d'une part, les Rouges et les Noirs de l'autre (voyez p. 45); enfin en 1325, Jean Schultheiss de Colmar, le vieux, et son fils Sigfrid, l'un et l'autre chevaliers, font leur paix avec la ville de Strasbourg (6).

A partir de 1360, je perds toute trace du chevalier Sigfrid. Mais dans les réversales baillées par la ville, le 28 février 1371, au sujet du tonlieu que le prieuré de Payerne lui avait engagé à titre d'emphythéose (v. page 5) je trouve parmi six notables dénommés son fils le chevalier Walther, sous le nom de *Waltherus Schulteti*.

Près d'un siècle auparavant, ce nom figure dans des documents que nous avons étudiés : dans la concession de communaux faite le 7 juillet 1278 (p. 10, note), nous trouvons *Waltherus filius sculteti*, et celle du 6 décembre 1281, est faite *mit rate.....Heren Walthers Schultheizen* (p. 18, note).

1. Archives du Haut-Rhin, fonds des Catherinettes.
2. Archives de Colmar, DD. Titres de propriétés.
3. Archives du Haut-Rhin, fonds de Saint-Martin.
4. Archives de Colmar, CC. Dettes passives.
5. Ibid. DD. Acquisitions de propriétés.
6. Schœpflin, *Als. illustr.*, t. II, p. 668. *Als. diplom.*, t. II, p. 134.

Cet autre Walther fils du prévôt, devenu prévôt lui-même et désigné alors dans les actes comme *Walther der Schultheize*, est bien certainement le fameux Walther Rœsselmann. Faut-il voir en lui la souche des Schultheiss qui occupent une position si importante dans le courant du siècle suivant? Le père du chevalier Sigfrid serait-il ce Jean qui accompagnait son père, le prévôt Walther, obligé de prendre part à la poursuite des nobles par les bourgeois soulevés, en 1293, pour mettre fin au siége de leur ville par Adolphe de Nassau, qui fut pris avec lui et retenu en captivité jusqu'à la mort de cet empereur, ainsi que nous l'apprenons du chroniqueur Mathias de Neuenburg (1)? Ce second Jean Rœsselmann serait-il alors le même que le chevalier Jean Schultheize, qui figure comme témoin dans la transaction du 16 octobre 1302, avec l'abbaye de Pœris (v. ci-dessus p. 24 et p. 26, note); que messire Jean, prévôt de Colmar, pourvu, en 1303, d'un fief castral relevant du Hohlandsberg (p. 17, note) et qui remplit effectivement les fonctions de prévôt dans un acte du 8 septembre 1308 (p. 32, note), dans la confirmation des priviléges de la ville par Frédéric le Beau, du 20 mars 1315 (p. 33) (2), dans la constitution d'une rente de 30 marcs en faveur de Vérène-Elisabeth de Hattstadt, femme de Jean de Nortgasse, du 2 juillet 1316 (3) et dans un acte du 26 mars 1317 (p. 27, note)? Je n'ose l'affirmer, quelque probables que ces

1. Edit. cit., pp. 29-30.
2. *Insuper si strenuis viris Johanni sculteto Columbariensi et Cuonrado de Wittenhain rationabiliter uidebitur dicte Ciuitati quidquam amplius necessarium fore fieri pro eisdem, hoc ad consilium eorundem promittimus ampliare.*
3. Archives de Colmar, CC. Dettes passives.

conjectures me paraissent. Nos archives donneront peut-être un jour le mot de cette énigme. Il n'y a dans tous les cas aucune impossibilité à ce que le fils de Walther Rœsselmann, proscrit sous Adolphe de Nassau, recouvre sous Albert Ier, en même temps que sa liberté, la charge de prévôt de Colmar, et à ce que ses descendants jouent un rôle digne des auteurs de leur race, plus conforme, ce semble, aux intérêts de la maison d'Autriche qu'à ceux de l'Empire et de la commune, dans les troubles qui désolèrent Colmar de 1347 à 1360.

XXV

ILS se renouvelèrent soixante ans plus tard. A mesure que les intérêts se compliquaient, l'expérience fit voir de nombreuses lacunes dans cette organisation municipale si bien équilibrée pour le combat, mais si mal, à ce qu'il paraît, pour la bonne gestion du ménage commun. Il s'établit entre le magistrat et le conseil d'une part, et leurs administrés de l'autre, une scission profonde et, à la suite d'une émotion populaire mentionnée dans le *Kaufhausbuch*, ou compte de la recette et de la dépense de la ville, dans la semaine du dimanche après la Saint-Mathias (27 février) 1424 (1) les

---

1. *Item als Welschin von Bebelnhein vnd Werlin Würmlin zu vnserm herren dem lantvögte gen Hagenöwe geschickt wurdend, von des geschelles wegen, worent V tage vsz mit vj pferden : coste in allem vj lb. minus ij f.* Une autre mention, de la semaine du dimanche après la Sainte-Gertrude (19 mars) porte : *Item als das geschelle geschach. Costent die Imbsze ze dem Wockelr, vrten vnd zerunge ze der Cronen vnd anderswo iiij lb. viiij f. j d. Kaufhausbuch*, 1424, pp. 3, 9. Archives de Colmar, CC. Registres de la recette et de la dépense.

deux partis transigèrent pour obvier aux inconvénients de l'ancien régime. Des deux côtés on s'engagea par serment à maintenir les articles convenus. Mais le bailli provincial Louis le Barbu, comte palatin du Rhin, évoqua l'affaire et se fit présenter la transaction. Il déclara que la commune ne pouvait prendre des dispositions de ce genre sans l'aveu de l'empereur et du grand-bailli, d'autant plus qu'elles n'avaient point satisfait l'universalité des habitants, dont une partie en avait même fait ses plaintes. Le comte palatin prit l'avis d'un certain nombre de vassaux de l'Empite et de ses conseillers ordinaires. On remarque parmi eux les évêques de Spire et de Metz, l'abbé de Murbach, le comte Jean de Lüpfen, des Rathsamhausen, un Hattstadt, un Mülnheim, etc. Il fut convenu que les points sur lesquels les deux partis s'étaient entendus spontanément, seraient maintenus, mais que pour ceux qui étaient en litige, le grand-bailli et ses conseillers les régleraient à l'amiable ou juridiquement *(mit der mynne oder mit dem rechte)* pour le plus grand avantage de l'Empire, du magistrat, du conseil, de la communauté et de la ville de Colmar, toutefois sous la réserve des franchises de la cité.

Après avoir entendu les parties dans leurs dits et contredits et mûrement délibéré, le grand-bailli donna, sous la date du lundi avant la Saint-Simon et Saint-Jude (23 octobre) 1424, sa sanction à la convention suivante (1):

1° Abrogation du nouveau péage établi par les anciens magistrat et conseil, et qui avait fait surgir toutes ces difficultés.

1. Archives de Colmar, AA. Développement ultérieur.

2° Quand les affaires de la ville ou toutes autres l'obligeront à mettre des députés en route, ceux que l'on choisira ne pourront s'excuser qu'en cas de maladie ou d'infirmité; les députés recevront une indemnité convenue, de l'emploi de laquelle ils rendront compte, à leur retour, aux Six formant la chambre des comptes siégeant à la douane *(Kauff-huse)*; s'il reste un solde, il sera versé entre les mains de ces derniers; si au contraire l'indemnité n'a pas été suffisante, on remboursera le surplus de leurs frais.

3° A l'installation d'un nouvel obristmestre, il devra prêter serment aux nobles, aux zunftmestres et à la commune, de les maintenir dans leurs franchises et bonnes coutumes. Le droit des nobles à entretenir autant de destriers, d'écuyers et de chevaux ordinaires que bon leur semble, était expressément réservé.

4° Si l'empereur, le bailli provincial, d'autres princes, seigneurs, chevaliers, écuyers ou députés de villes viennent à Colmar, le conseil sera toujours en droit de leur faire un présent ou une réception conformes aux intérêts et à l'honneur de la ville. Chaque bourgmestre en outre aura la faculté d'offrir à ses visiteurs, notamment aux députés des villes, autant de vin que l'ancien usage le comporte.

5° Les lieux de réunion dits de la Couronne et de la Cave à la balance avaient eu jusque-là le privilége de prélever une livre sur les deniers communaux, quand ils avaient leurs grandes buvettes, et dix schillings, lorsqu'ils tenaient leurs petites buvettes *(grosse und kleine schenke)*. Cet usage devait être complètement aboli.

6° De même on supprime les jetons en cuivre qui

avaient été jusqu'alors donnés pour le vin. J'analyse
ici rigoureusement le document qui m'occupe, sans
prétendre expliquer ce passage. Il peut s'entendre
tout aussi bien d'une de ces occasions de réjouis-
sances aux dépens de la commune, que d'un droit
de circulation ou de consommation établi précédemment, et abrogé de même que le péage qui avait
causé les plaintes et le soulèvement de la bourgeoisie.

7° On tombe également d'acord que tous les ans,
le dimanche après le renouvellement du conseil, on
donnera lecture, en chaire publique, du code municipal (*das rechtbuch*, sans doute le Livre rouge ou
recueil des décrets de police) afin que chacun sache
comment il doit se comporter.

8° L'architecte de la ville, le maître de l'œuvre,
qu'il soit tailleur de pierre ou charpentier, doivent
jurer de ne point détourner de matériaux à l'usage
de la commune.

9° Quand le conseil nomme un architecte de
l'œuvre de Saint-Martin, le chapitre lui adjoindra
un chanoine ou un chapelain; l'un et l'autre prêteront serment de remplir fidèlement leur mandat,
comme préposés à la construction, et rendront leurs
comptes tous les ans devant le conseil.

Ces points avaient été réglés par la convention,
et le bailli provincial ne fit aucune difficulté pour
les homologuer. Mais il y avait d'autres réformes
bien plus importantes, réclamées d'une part, refusées
de l'autre, et que le comte palatin prescrivit en vertu
du pouvoir dont il était revêtu.

L'usage avait été jusque-là de charger quatre
conseillers de faire à la douane la recette et la dépense du ménage commun. Les bourgeois se plai-

gnaient que ces délégués ne rendaient presque
jamais de comptes, et que l'on ignorait ainsi l'emploi
qui se faisait des fonds publics. Le grand-bailli con-
damna cet abus, et ordonna qu'à l'avenir on confierait
la gestion des revenus communaux aux vingt zunftmestres, dont cinq toujours en exercice et se relevant
par quartier; que le conseil à son renouvellement
leur adjoindrait, pour l'année entière, un membre
de la société de la Couronne, noble ou plébéien;
qu'à chaque quatre-temps, ce dernier et les cinq
comptables entrant en fonctions prêteraient serment
de percevoir fidèlement les deniers communaux, et
de bien veiller aux intérêts de la ville. A l'expiration
du mandat trimestriel des cinq zunftmestres, les six
comptables rendront leurs comptes devant le conseil.
A titre d'indemnité, on accorde à chacun d'eux un
sou au plus par semaine.

Tous les ans, entre l'Assomption et la Nativité de
la Vierge, on procédera à la répartition de la taille.
Elle devait comprendre tous les habitants, et porter
sur l'universalité des biens, meubles et immeubles, à
l'exception des vêtements, des bijoux de femme, des
ustensiles de ménage, des armes et de la vaiselle d'argent, quand sa valeur ne dépassait pas vingt marcs.

Les zunftmestres nouvellement élus prêteront serment à leurs tribus de remplir leurs fonctions le
mieux qu'ils pourront.

Si la ville se trouve entraînée à une guerre ou à
d'autres affaires considérables, le conseil nommera
un collége spécial de treize membres, chargé à la
fois de délibérer sur les mesures à prendre, de les
proposer au conseil et, s'il y a lieu, de les exécuter.
Si ces mesures exigent le secret, les Treize pourront
même être dispensés de les soumettre au conseil.

Quand un litige est porté devant le conseil, il devra faire comparaître les parties ensemble et en public, écouter le demandeur et le défendeur dans leurs dits et contredits. La cause entendue, les deux parties seront invitées à se retirer, pour que les conseillers puissent se mettre d'accord sur le jugement qu'on attend d'eux. Celui d'entre eux qui prend les avis *(welcher frager vnder yne ist)* pose les questions en rappelant aux juges le serment prêté, et c'est en se souvenant de leur serment qu'ils opineront. L'avis du plus grand nombre l'emportera. Dès que les conseillers se seront entendus, on fera rentrer les parties, et celui d'entre eux qui porte la parole, prononcera le jugement, mais après il mettra ses collègues en demeure de déclarer s'il est bien conforme à l'avis de la majorité, tels qu'ils l'ont émis en vertu de leur serment et s'ils le reconnaissent, la cause sera jugée.

Les conseillers devront également à l'avenir n'exiger aucun serment sans expliquer d'abord à celui qui doit le prêter, son objet et comment il l'intéresse.

Les deux partis, en transigeant à l'amiable, avaient déclaré deux officiers et un agent subalterne de la commune incapables de remplir dorénavant leurs fonctions. Le grand bailli ne reconnut point la validité de cette partie de la convention, attendu que l'exclusion n'avait pas été précédée d'un jugement, et que notamment la dernière portait sur un individu qui n'avait agi que d'après les ordres de l'obristmestre, et n'en pouvait être responsable.

Le comte palatin termina en prescrivant aux bourgmestres, au conseil et à toute la communauté l'oubli du passé, défendant tout recours devant les tribunaux civils ou ecclésiastiques pour les faits qui avaient donné lieu à contestation, défendant également l'emploi de la force pour se donner à soi-même ou à autrui plus ample satisfaction.

Les magistrats et conseils sortants et en exercice, de même que la communauté, donnèrent leur adhésion à cette ordonnance et s'engagèrent à en observer fidèlement les prescriptions.

Si la multiplicité des lois est, selon le moraliste, un signe de l'affaiblissement des mœurs, on en peut dire autant, je crois, des institutions qui se compliquent. Quand nos ancêtres ne trouvèrent plus dans la conscience individuelle des garanties suffisantes, ils introduisirent un art plus parfait dans le mécanisme des pouvoirs publics.

Les corps de métiers organisés, depuis 1360, de manière à rendre impossible le succès de nouvelles violences du parti noble, se firent attribuer la gestion des deniers communaux, certains qu'une meilleure administration dispenserait de recourir à ces nouveaux impôts qui leur avaient paru si lourds.

Les attributions gouvernementales du conseil lui furent retirées et furent confiées au collège des Treize, véritable comité des affaires militaires et extérieures.

Des dispositions particulières eurent pour but de mieux asseoir et répartir l'impôt direct.

Enfin on prescrivit, dans l'administration de la justice, les débats publics et contradictoires, et des formes qui mettaient ostensiblement mieux en rapport l'office et la conscience du juge.

Ce sont là les symptômes d'une situation bien différente de celle du milieu du siècle précédent. De 1347 à 1360, tous les efforts tendent à fortifier la puissance communale ; en 1424, les corps de métiers cherchent à diviser et à mieux équilibrer les fonctions. L'anarchie se trouvait d'abord en dehors ; elle est ensuite dans le sein même de l'administration. Entre les deux époques, tout est contraste et opposition.

Le seul point par où elles se ressemblent, c'est qu'aux deux situations on applique, comme remède souverain, le serment. On l'impose aux officiers prévaricateurs de 1424, comme on y avait soumis la noblesse anarchique de 1347. C'était le symbôle du pacte social à tous les degrés, entre les membres de la commune comme entre les états de l'Empire et le souverain. A tous les degrés il est réciproque ; il est la marque de la liberté native du Germain ; de là le caractère synallagmatique de ces rapports de l'autorité et du subordonné, de même que ceux des pairs entre eux, et c'est l'éternel honneur de l'Allemagne, la plus haute leçon de son histoire, de n'avoir pas, tant s'en faut, démérité de la civilisation sous un tel régime.

Ce n'est point qu'elle ignorât les dogmes politiques de l'antiquité, qui sacrifiait sans marchander l'individu à l'Etat. Le droit romain a eu de bonne heure ses adeptes dans les conseils de l'Empire, et plus anciennement l'Eglise, en ralliant les Germains à son enseignement, en prétendant au droit absolu sur les âmes, n'avait-elle pas appris aux Césars d'Allemagne le droit que les Césars de Rome exerçaient sur les corps ? Mais ces théories ne furent que plus tard une menace pour la liberté individuelle, et l'Allemagne se contenta d'abord de revêtir le serment, expression du contrat universel, d'une forme religieuse, pour rendre plus auguste et plus sacrée

13

la réciprocité des droits et des devoirs qu'il proclamait.

XXVI

AR l'abrogation du soi-disant privilége de posséder des fiefs (voyez pp. 64 et 79) l'empereur Charles IV avait mis fin aux intrigues, aux agitations que les vieux patriciens n'avaient cessé d'entretenir au sein de la commune. En transférant, par un diplôme daté de Heidelberg, jeudi après *Jubilate* (10 mai) 1408 (1) le grand bailliage d'Alsace à son fils, l'électeur palatin Louis III le Barbu, le même que nous venons de voir intervenir avec autorité dans les affaires intérieures de Colmar, le roi des Romains Robert avait coupé court pour longtemps aux entreprises du dehors qui, depuis l'avénement des Habsbourg, avaient encouragé les agitateurs.

Il ne faut pas se le dissimuler : même quand nos villes ne formèrent plus qu'un groupe, depuis Haguenau et Wissembourg, jusqu'à Colmar et Mulhouse, elles n'auraient jamais été en état de tenir tête aux princes qui s'étaient si puissamment établis sur les deux rives du haut Rhin, et dans les possessions desquels plusieurs formaient comme des enclaves. Leur indépendance n'était même pas

---

1. Archives du Bas-Rhin, fonds de la préfecture de Haguenau, et Cartulaire de Mulhouse. Ce recueil encore manuscrit, auquel je travaille depuis douze ans, sous les auspices d'un grand ami de l'histoire d'Alsace et de toutes les choses de l'esprit, M. Fr. Engel-Dollfus, comprend aujourd'hui des milliers de documents inédits, tirés des archives d'Alsace et de Suisse.

suffisamment garantie par l'avoué que l'empereur plaçait à leur tête ; car, si haut placé qu'il fût, il n'était d'habitude qu'un fermier des revenus de l'Empire, ou un banquier qui en faisait l'avance, et que son éloignement mettait hors d'état de les couvrir d'une protection efficace.

Il en était tout autrement de la maison palatine. Ses terres confinaient à l'Alsace, et les nombreux châteaux qu'elle y possédait, la désignait à l'avance pour y exercer les droits d'avouerie dont son chef l'avait investie, en même temps que son centre de gravité était trop distant de la plupart des villes impériales, pour qu'elle pût sérieusement nourrir des visées dangereuses pour leur immédiateté. Après la maison de Luxembourg, qui fournit à l'Empire Charles IV, Wenceslas et Sigismond, les électeurs palatins n'étaient-ils pas d'ailleurs, mieux que qui que ce fût, en position de tenir la maison d'Autriche en échec, et de refréner son ambition dans nos contrées ? Evidemment, même en ne s'inspirant que des intérêts de sa famille, le roi Robert n'avait rien pu faire de plus conforme aux intérêts de nos villes, que d'en confier la protection à l'aîné de sa race.

Cet engagement qui, dans le principe, ne devait pas s'étendre au-delà de la vie de Louis le Barbu, avait été maintenu et consolidé par le successeur de Robert. Par un diplôme daté de Coire, mercredi avant la Nativité (6 septembre) 1413 (1) l'empereur Sigismond avait confirmé l'investiture de l'office au profit de l'électeur palatin ; mais tandis que Robert

1. Archives de Colmar, AA. Rapports politiques de la Déca-pole avec l'Empire.

s'était contenté d'engager les revenus annuels de l'Empire dans les villes et les villages du grand bailliage, moyennant un abonnement de deux mille florins, Sigismond les avait aliénés, avec faculté de réméré, moyennant une somme une fois payée de vingt-cinq mille florins, portée plus tard à cinquante mille.

Dans la situation où se trouvait le trésor impérial, cet engagement menaçait de se perpétuer ; les villes ne s'étaient point méprises sur sa portée ; car dès qu'il fut souscrit, on les vit s'agiter pour en limiter les effets. Elles avaient obtenu une première fois de Sigismond, sous la date de Coblenz, veille de la Saint-Barthélemy (23 août) 1414 (1) la promesse de ne jamais les distraire de l'Empire, et de n'engager à personne à perpétuité ni le tribut qu'elles lui payaient, ni le grand bailliage dout elles relevaient. Mais ce n'était là qu'un acte de pure forme, dont le seul but était d'amener les villes à faire une avance de vingt-un mille florins, à-compte sur la somme que Louis le Barbu devait payer à l'empereur, et l'acquittement de leur tribut annuel entre les mains de ce dernier. Sur ce point, Sigismond venait à leur insu de s'engager pour leur compte, en autorisant l'électeur palatin à les y contraindre, même par la force, si elles devaient ne pas avoir égard aux intentions de l'empereur. Le diplôme qu'il bailla à cet effet, est daté de Spire, dimanche après la Saint-Jacques (29 juillet) 1414 (2).

Ce dernier accord, dont la Décapole eut sans

1. Ibidem.
2. Archives du Bas-Rhin, fonds de la préfecture de Haguenau, et Cartulaire de Mulhouse.

doute connaissance, lui avait paru suspect, et elle avait pris les mesures en son pouvoir pour parer à quelques-unes des éventualités dont il la menaçait. Ainsi nous voyons, d'une part, les villes de la haute Alsace, Colmar, Schlestadt, Kaysersberg et Mulhouse se mettre en garde contre l'ingérence des juridictions étrangères et, sous la date du lundi avant la Saint-George (20 avril) 1416 (1) se liguer pour trois ans, afin de maintenir le droit assuré à leurs bourgeois de n'être cités, en matières personnelles comme en matières réelles, que devant leurs juges naturels : un tribunal de cinq membres, commun aux quatre villes, devait connaître des difficultés qui pouvaient surgir entre leurs ressortissants. D'autre part, onze villes, y compris Selz qui à ce moment dépendait du grand bailliage d'Alsace, avaient conclu un traité à Strasbourg, vendredi après la Saint-Pierre et Saint-Paul (1er juillet) 1418 (2) pour s'engager à ne jamais se laisser distraire de l'Empire, auquel elles entendaient rester à jamais unies, en même temps qu'elles se faisaient renouveler à Haguenau, sous la date du lundi avant la Sainte-Marguerite (11 juillet) de la même année (3) par l'empereur Sigismond, pour lui et ses successeurs, l'assurance de ne jamais les aliéner. Mais le chef de l'Empire n'avait pas admis que cet engagement unilatéral reçût une sanction de la part des intéressés et, informé des ligues et des établissements qu'ils avaient créés entre eux, il avait lancé un mandement, daté de Breslau, vendredi avant la Saint-Mathias (23 février) 1420 (4) pour casser ces

1. Archives de Colmar, AA. Juridiction.
2. Ibidem, AA. Rapports politiques de la Décapole avec l'Empire.
3. Ibidem.
4. Ibidem.

conventions, attendu que les liens qu'ils formaient sans l'aveu de l'empereur, ne pouvaient être que contraires à l'Empire et à l'intérêt commun.

XXVII

LE rétablissement de la maison d'Autriche sur le trône impérial sembla d'abord ne rien devoir changer aux rapports du grand bailliage avec les comtes palatins du Rhin. A son avénement, en 1438, Albert II confirma dans son office Louis IV le Bon, qui avait succédé, l'année précédente, à son père Louis le Barbu. Frédéric qui obtint à son tour, en 1440, le sceptre de Charlemagne et de Frédéric Barberousse, suivit cet exemple et laissa Louis IV en fonctions. Mais à la mort de ce dernier, le 13 août 1449, avant de transférer le titre à son successeur, l'empereur témoigna de l'hésitation. Il voulut se rendre compte de l'étendue des droits qu'il conférait en nommant un nouveau grand-bailli et, dans le courant de l'année 1450, il écrivit aux villes impériales pour ouvrir une véritable enquête sur le rôle que cet officier de l'Empire remplissait auprès d'elle (1). Il passa néanmoins outre à l'investiture, mais avec une telle lenteur, que le nouvel avoué ne put se présenter aux villes

1. *Item der meister Gilge [Kempff] vnd Hanns Fulweys; sint geritten gen Sletzstatt, zü dem tage als vnser gnedigester herre der Römische Kunig geschriben vnd begert hat an die Richstette, in der gemeinde vnd in sunders, vidimus der briefe wes sich dann die öbern vnd vnderlantvögte, so sie ze lantvogt empfangen werden, gegen den Stetten verschrieben, sinen gnaden ze schicken. (Kaufhausbuch, 1449-50, semaine du dimanche avant la Sainte-Marguerite (12 juillet) 1450.)*

de la Décapole et s'en faire reconnaître qu'au mois de mai 1451.

Le nouveau titulaire, le comte palatin du Rhin Frédéric, était le frère de l'électeur défunt, et c'est au nom de son neveu, âgé de treize mois, qu'il avait pris les rênes du gouvernement. Dans l'intérêt de sa famille, il jugea qu'il valait mieux régner comme électeur palatin que comme régent, et les pricipaux représentants du pays n'hésitèrent pas à l'acclamer. Mais dans cette conjoncture, le chef de l'Empire se montra de moins facile composition, et il refusa obstinément la dignité électorale au prince qu'il ne voulait considérer que comme le tuteur du jeune Philippe l'Ingénu (1). A partir de ce moment, il ne fut plus occupé qu'à créer des difficultés au héros, qui allait gagner sur·les champs de bataille son surnom de Victorieux.

Les complications amenées par l'élection de Thierry d'Isenburg, comme archevêque de Mayence, lui en fournirent une première occasion. Le pape Pie II ayant pris parti pour son compétiteur Adolphe de Nassau, il en résulta une guerre où furent entraînés la plupart des états du haut Rhin, et pendant que l'électeur palatin se prononçait pour le premier des deux prélats, tous les ennemis qu'il avait eu à combattre l'année précédente, et qu'il avait vaincus à Pfeddersheim, se réunirent contre lui, soutenus à la fois par les deux chefs de la chrétienté, le souverain pontife et l'empereur. Ce dernier enjoignit tout d'abord aux villes de la Décapole de rompre avec l'électeur palatin. De leur côté, Ulric V le Bien-

1. Ludw. Hæusser. *Geschichte der rheinischen Pfalz*, t. Ier, pp. 329-30.

aimé, comte de Würtemberg, et Albert l'A chill
margrave de Brandebourg, chargés du commandement des troupes de l'Empire contre Frédéric
le Victorieux, les sommèrent, le 21 décembre 1461, de
leur envoyer leurs contingents (1). La diète se réunit
à Sélestadt, le 8 janvier, et elle répondit sans doute,
comme elle avait déjà fait, le 4 novembre, pour la
missive de l'empereur (2) en alléguant les engagements de la Décapole avec l'électeur palatin qui, en
sa qualité de grand-bailli, était seul en droit de com-
mander ses forces en campagne.

Ce fut le pape qui se chargea de lever cet obstacle.
L'électeur palatin était déjà frappé d'excommunication (3): par une bulle datée de Rome, veille des
calendes de mai (30 avril) 1462, Pie II enjoignit aux
villes impériales, en vertu de l'obéissance qu'elles
devaient au saint-siége et sous les peines de droit,
de porter secours à l'archevêque Adolphe de Nassau,
et déclara nuls et de nul effet tous les pactes, même
confirmés par serment, qu'elles pouvaient avoir
conclus soit avec Thierry d'Isenburg, soit avec son
allié l'électeur palatin (4).

Mais les armes temporelles de Frédéric valaient
mieux que les foudres de l'Eglise et, le 30 juin, il
remporta sur ses ennemis la victoire de Seckenheim,
non moins décisive que celle de Pfeddersheim.

Ce coup désarmait l'empereur, mais il ne l'apaisa
point. Il continua à tenir rigueur à l'électeur pa-

---

1. Archives de Colmar, AA. Rapports politiques de la Décapole avec l'Empire.
2. Archives de Mulhouse et Cartulaire.
3. L. Hæusser, l. c. pp. 363 et sqq.
4. Archives de Colmar, AA. Ibidem.

latin et attendit patiemment une autre occasion d'agir.

XXVIII

EN 1469, se prévalant de ses droits de grand-bailli d'Alsace, Frédéric le Victorieux entre-prit la réforme de l'abbaye de Wissembourg, où les mœurs s'étaient extrêmement relachées. Il prétendit y introduire d'autres moines ; mais les bourgeois de Wissembourg prirent fait et cause pour les anciens religieux, et ne reculèrent même pas devant les menaces de guerre de Frédéric. La ville subit un siége auquel elle résista avec succès, et son adversaire qui jusque-là n'avait jamais traité avec ses ennemis qu'après les avoir battus, accepta la médiation des autres villes de la Décapole, qui s'entremirent pour rétablir la paix entre Wissem-bourg et leur grand bailli. Elle fut définitivement signée à Guermersheim, le 6 mai 1470 (1).

Ce fut alors que, reprenant ses vieux plans, l'empereur intervint. Hors d'état d'agir par lui-même, il trouva un instrument docile dans la peronne de Louis le Noir, comte de Veldenz, un consin-germain et un vassal de Frédéric le Victorieux, mais son implacable ennemi dans toutes ses guerres, toujours félon à son suzerain et toujours vaincu.

Pendant qu'en sa qualité de capitaine de l'Empire, il soulevait les bourgeois de Wissembourg et leur persuadait de rompre le traité qu'ils venaient de conclure avec l'électeur palatin, Frédéric III décla-

1. Strobel, *Geschichte des Elsasses*, t. III, pp. 262 et sqq. Hæusser, l. c. pp. 384 et sqq. J. Rheinwald, l'Abbaye et la ville de Wissembourg, pp. 129 et sqq.

rait ce prince déchu du grand bailliage d'Alsace et, par deux mandements successifs, l'un du 17, l'autre du 24 décembre 1470, il enjoignit aux villes qui en dépendaient, de reconnaître à sa place le comte de Veldenz, et de mettre leurs contingents à sa disposition (1).

Nonobstant cette mise en demeure, la Décapole ne crut pas qu'elle pût violer ses engagements antérieurs avec l'électeur palatin. Ses envoyés se réunirent à Strasbourg, le 24 février 1471, sur la convocation du chef-lieu ; au cours de la délibération, les avis se partagèrent. Tandis que la majorité de la diète, sur les instances de l'ancien grand bailli, décidait l'envoi d'une députation à l'empereur pour lui faire des représentations, Haguenau opina pour une soumission sans réserve à la volonté impériale. Wissembourg se rallia au même avis, et cette scission se maintint à la diète de Nuremberg et à celle de Ratisbonne, que l'empereur avait réunies, pour obtenir la participation de l'Empire à ses entreprises contre l'électeur palatin. Cette attitude des deux villes fit échouer toutes les tentatives d'accomodement.

Le sort des armes rétablit du moins l'accord entre l'électeur palatin et son compétiteur. Louis le Noir fut battu et contraint de signer la paix, le 2 septembre 1471, à Heidelberg. Mais l'empereur ne transigea point. Il repoussa toutes les avances que Frédéric le Victorieux ne cessa de faire, jusqu'à sa mort, arrivée le 12 décembre 1476, pour rentrer en grâce auprès de la majesté impériale, et pour recouvrer le

1. Archives de Colmar, AA. Rapports politiques de la Décapole avec l'Empire.

grand bailliage d'Alsace, qu'il considérait à juste titre comme une partie du patrimoine de sa famille, tant que l'Empire n'aurait pas racheté l'office qu'il lui avait engagé un jour dans sa détresse.

Son neveu Philippe l'Ingénu qui lui succéda, ne fut guère plus heureux. Il n'obtint l'investiture du grand bailliage qu'en 1486, en récompense de l'appui qu'il avait prêté à l'élection et au couronnement de Maximilien Ier, comme roi des Romains et futur empereur d'Allemagne.

XXVIII

NOUS avons vu qu'à Colmar le renouvellement du magistrat et du conseil ne pouvait se faire sans la participation du grand bailli. Les atermoiements des villes, pour ne pas dire leur refus de le reconnaître comme tel, ne permirent pas à Louis le Noir de venir présider à cette importante opération, pendant le peu de temps où il prétendit remplir son office. Plus tard l'électeur palatin, révoqué par l'empereur, n'était plus, en dépit de sa victoire, légalement qualifié pour donner l'investiture souveraine aux représentants de la cité, et il en résulta qu'à partir de l'époque normale du renouvellement, dimanche *Exaudi* (3 juin) 1470, les mêmes officiers municipaux durent rester indéfiniment en fonctions.

Cette situation ne pouvait se prolonger sans de graves inconvénients, et la ville fut la première à les ressentir. La vacance du grand bailliage offrait de grandes difficultés, et elle s'adressa une première fois à l'empereur pour les aplanir. Elle en obtint, datée de Gratz, 20 août 1478, l'autorisation de

passer outre au renouvellement des offices municipaux ; en même temps Frédéric III délégua son
féal Conrad-Frédéric de Rathsamhausen, pour recevoir l'hommage que la ville devait rendre à cette
occasion à l'empereur et à l'Empire (1).

Mais ce biais ne convint pas aux intéressés et,
sur leurs représentations, le souverain leur bailla, à
Gratz, un second diplôme daté du 12 décembre 1479,
par lequel il constitua le prévôt pour son mandataire, en l'autorisant à constituer le corps municipal
au lieu et place du grand bailli, et à l'investir de
toutes les grâces, franchises, priviléges, bonnes
coutumes, droits de haute et basse justice, dont la
ville jouissait du temps des grands baillis, après
qu'elle aura prêté entre ses mains le serment d'être
fidèle et soumise à l'empereur et à l'Empire, et d'acquitter toutes les prestations qui leur sont dues (2).

La difficulté était tournée, et après dix ans d'at-
tente, le dimanche après la Saint-Jean, (25 juin) 1480
on procéda au renouvellement (3).

Le grand bailli n'était pas seulement délégué pour
conférer aux magistrats municipaux la part de
pouvoirs qu'ils avaient à exercer au nom de l'Empire. L'exemple de Colmar nous a appris, et j'y ai
déjà insisté, que bien souvent l'avoué était dans
le cas de recourir à la force pour protéger les dix
villes et leurs ressortissants. Même quand l'ordre
régnait dans l'intérieur des murs, les insultes, les

1. Archives de Colmar, BB. Renouvellement du corps municipal.

2. Ibidem.

3. Archives de Colmar, BB. Renouvellement du corps municipal, et CC. Registres de la recette et de la dépense de
1470 à 1480.

voies de fait dont les cités étaient l'objet au-dehors, les mettaient sans cesse dans le cas de demander main-forte à leurs confédérés et au grand officier qui commandait leurs milices. Heureux alors quand le grand bailliage était entre les mains d'un prince en état de tenir la campagne par lui-même, comme l'étaient les princes de la maison palatine! Faute d'avoir trouvé dans le temps l'assistance efficace dont il avait besoin, Mulhouse avait dû, en 1398, dans le désarroi où se trouvait l'Empire à la fin du règne de Wenceslas, accepter la protection de Léopold le Superbe, duc d'Autriche (1) et presque en même temps, le jour de l'exaltation de la Sainte-Croix (14 septembre) 1399, Colmar et Schlestadt avaient traité avec Charles le Hardi, duc de Lorraine, pour garantir leurs ressortissants contre les violences dont ils pouvaient être l'objet dans les pays lorrains et, à ce titre, chacune de ces deux villes paya assez régulièrement, jusqu'en 1440, à leur voisin de l'ouest, une contribution de cent florins de Florence, pour s'assurer une protection que, chez ce grand vassal de l'Empire, leur qualité de membres du Saint-Empire n'avait pas suffi pour leur procurer (2).

Dans les circonstances difficiles où l'inimitié de Frédéric III avait placé l'électeur palatin, Colmar eut recours à deux reprises à un expédient semblable.

La veille de la Saint-Thomas (20 décembre) 1460, la ville se fit bailler par Robert de Bavière, évêque

2. Lettres patentes de Léopold, du 30 avril 1398. Archives de Mulhouse et Cartulaire.

1. Archives de Colmar, AA. Traités de protection avec les ducs de Lorraine.

de Strasbourg et landgrave d'Alsace, des lettres de protection, aux termes desquelles tous les officiers épiscopaux devaient prêter main-forte aux bourgeois et aux manants de Colmar, que leurs affaires amenaient dans les terres de l'évêché. Si un vassal de l'évêque ou tout autre résidant avait une revendication à exercer contre un ressortissant de Colmar, un plaid commun, c'est-à-dire formé par des juges empruntés à l'une et à l'autre juridiction, à celle du demandeur et à celle du défendeur, connaîtrait de la cause, et l'évêque s'engagea en outre à ne rien négliger pour préserver les gens de Colmar des voies de fait dans toute l'étendue de ses possessions.

La ville consentit à payer cette protection, chaque année, au prix de cent florins du Rhin.

Ce premier traité, qui avait été conclu pour dix ans, fut renouvelé pour cinq ans, le dimanche *Judica* (15 mars) 1472 (1) et si l'on songe qu'outre ses vastes possessions dans le diocèse même, l'évêché de Strasbourg confinait au territoire de Colmar par le Mundat supérieur, et qu'il comptait parmi ses vassaux une grande partie de la noblesse alsacienne, on comprendra que, dans l'état d'abandon où la laissait l'absence d'un grand bailli, nulle autre protection ne pouvait suppléer plus efficacement à celle de la maison palatine, du moment que notre ville ne pouvait ni ne voulait faire appel aux agnats de l'empereur, aux suzerains des pays antérieurs de l'Autriche.

1. Ibidem, AA. Traités de protection avec l'évêque de Strasbourg.

XXIX

'EMPEREUR Maximilien, qui avait succédé, en 1493, à Frédéric III, reprit à la première occasion la politique inaugurée par son père vis-à-vis de la maison palatine.

En 1503, à la mort de George le Riche, duc de Bavière, de la ligne de Landshut, qui avait assuré sa succession à son gendre Robert, comte palatin du Rhin, le duc Albert le Sage, de la ligne de Bavière-Munich, se prétendit frustré, soutint que les terres de son cousin étaient, non des francs-alleux, mais des fiefs de l'Empire et prit son recours auprès de l'empereur. Quels que fussent les droits des deux parties, il ne pouvait se prêter à un agrandissement de la maison palatine, et il donna l'investiture au duc Albert, non sans se réserver quelques domaines à sa convenance. Le compétiteur évincé courut aux armes, et son père, Philippe l'Ingénu, prit fait et cause pour lui (1).

Les hostilités avaient éclaté au mois d'avril : le 27 mai 1504, Maximilien manda à chacune des villes de la Décapole que, pour punir l'électeur palatin de l'appui qu'il donnait à son fils, il lui retirait le grand-bailliage d'Alsace, qu'il déclara confisqué au profit de l'Empire (2).

A cette première mesure il ajouta l'envoi de deux commissaires, le Dr Conrad Stürzel et Nicolas Ziegler, qui convoquèrent immédiatement les villes de la Décapole, pour recevoir leur hommage.

1. L. Hæusser, l. c. pp. 463 et sqq.
2. Archives de Colmar, AA. Rapports politiques de la Décapole avec l'Empire.

Dans leur rencontre avec les commissaires, les envoyés des villes se bornèrent d'abord à demander le temps de réfléchir, ce qui leur fut accordé.

Les députés se réunirent une seconde fois, le 7 juillet, à Strasbourg. Ils commencèrent par rechercher dans les chartes relatives à l'établissement de la Décapole, ce qui pouvait s'appliquer à la circonstance ; mais ils ne trouvèrent rien qui pût leur servir. D'un autre côté, on leur donna connaissance d'une lettre du prince Louis, fils aîné de Philippe l'Ingénu, qui parlait de négociations avec l'empereur, de l'issue desquelles on pouvait espérer le maintien de la paix. Cela rendit les députés encore plus perplexes. Ils voyaient de grands inconvénients à reconnaître un nouveau grand-bailli, quand l'ancien n'avait pas perdu toute chance de conserver son office, et ils demandèrent un nouveau délai qui, cette fois, leur fut refusé. Les commissaires alléguèrent qu'ils n'étaient autorisés qu'à recevoir la réponse des villes, quelle qu'elle fût.

Les députés délibérèrent une troisième fois. Leur embarras était très grand, et ils cherchèrent de nouveau à gagner du temps, en donnant du reste aux commissaires toutes les assurances possibles : que l'empereur devait être persuadé que les villes n'avaient rien de plus à cœur que de lui rester fidèles ; qu'elles ne prêteront aucune assistance à l'électeur palatin ; qu'elles n'acquitteront plus entre ses mains le tribut à l'Empire, ni aucune des prestations qui lui étaient dues comme grand bailli. Ainsi qu'il arrivait toujours, quelques-uns penchaient pour la soumission, les autres pour la résistance. Mais poussés peu à peu dans leurs derniers retranchements, et les commissaires ne voulant toujours pas entendre à un nouvel atermoiement, les opposants convinrent que leurs instructions allaient bien jusqu'à les autoriser à reconnaître l'empereur Maximilien pour leur grand bailli (1).

Peu après les députés se réunirent une quatrième fois à Haguenau. Elles y trouvèrent un vassal de la maison d'Autriche, le baron Gaspard de Morimont et Belfort, porteur d'un mandement collectif de l'empereur, daté du 14 août, qui ordonnait à la Décapole de le reconnaître comme son lieutenant au grand bailliage. Les envoyés protestèrent contre cette manière d'agir, absolument contraire aux us et coutumes : avant de leur présenter un lieutenant, le grand bailli devait se faire reconnaître en personne et, pour faire accepter les réversales de l'un et de l'autre, datées du 20 août, et se faire rendre l'hommage accoutumé, Maximilien dut s'obliger, par d'autres réversales, du 25 août, à faire prêter serment aux villes par le grand bailli que lui ou ses successeurs pourront donner dans la suite à la Décapole, de la même manière que son substitut venait de le faire, et à ne point se prévaloir à l'avenir de la condescendance qu'elles avaient eue d'envoyer leurs députations à Haguenau, au lieu de forcer le lieutenant du grand bailliage, comme elles en auraient eu le droit, à se rendre chez elles pour recevoir leur hommage et leur prêter le serment réciproque.

Gaspard de Morimont résigna, en 1512, en faveur de son fils Jean-Jacques. Celui-ci était encore en fonctions à la mort de Maximilien Ier, et il fut

1. Archives de Mulhouse et Cartulaire : rapport du greffier Oswald Gamsharst.
2. Archives de Colmar, AA. Rapports politiques de la Décapole.

maintenu à l'avénement de Charles-Quint : par un mandement daté de Worms, 16 mai 1521, le nouvel empereur prescrivit à la Décapole de lui renouveler l'hommage auquel elle était tenue envers lui, comme représentant de l'Empire.

Malgré l'engagement qu'avait pris son aïeul, lui-même ne se présenta pas en personne ; mais il prescrivit néanmoins aux villes de renouveler leurs conseils et leurs offices comme par le passé, sans attendre que l'empereur se fût fait reconnaître par elles et qu'il eût reçu leur hommage, comme quelques-unes d'entre elles étaient fondées à le prétendre (1).

Il va de soi que Colmar était au nombre de ces villes privilégiées.

Le grand bailliage demeura entre les mains de l'Empire jusqu'en 1531. La maison palatine le recouvra sous cette date, mais pour quelques années seulement : il fut racheté définitivement, en 1558, par la maison d'Autriche, et l'on sait qu'elle le garda sans discontinuer jusqu'à la paix de Westphalie.

XXX

L'ANNÉE même où Charles-Quint confirma Jean-Jacques de Morimont dans ses fonctions, la ville entreprit de modifier encore une fois sa constitution communale.

Le mémoire que le maître et le conseil présentèrent au grand bailli, s'explique suffisamment sur les motifs qui les inspiraient.

Malgré le monopole que l'institution assurait à

1. Archives de Colmar, AA. Ibidem.

leur travail, à Colmar les corps de métiers étaient loin d'être dans une situation prospère. Telle tribu avait vu le nombre de ses membres tomber à seize; telle autre à dix-huit; d'autres n'en comptaient plus que trente. Leurs poêles étaient hypothéqués jusqu'à la dernière limite de leur valeur, et les intérêts à servir, l'entretien des bâtiments, les frais de leurs réunions leur créaient des charges auxquelles les ressortissants ne pouvaient plus suffire.

Pour remédier à cet état de choses, et après avoir consulté non-seulement le corps des échevins, mais encore individuellement chaque bourgeois dans les lieux de réunion, la ville proposa de réduire le nombre des tribus de vingt à dix.

La première tribu devait comprendre les négociants, les merciers-épiciers et les tailleurs.

La seconde, les marchands de vin et les tonneliers.

La troisième, les laboureurs.

La quatrième, les jardiniers et les blatiers ou marchands de grains.

La cinquième, les vignerons et les moissonneurs.

La sixième, les boulangers et les meuniers.

La septième, les bouchers et les pêcheurs.

La huitième, les cordonniers et les tanneurs.

La neuvième, les drapiers et les pelletiers.

La dixième, les maréchaux et les tailleurs de pierre.

Cependant malgré cette réduction des corporations, la ville n'entendait pas diminuer le nombre des conseillers; elle insistait même particulièrement pour maintenir au corps de la noblesse, autant que possible, les dix représentants que l'ordonnance du 15 mars 1360 (v. p. 83) lui assurait: le maître et le conseil disposaient en effet du service féodal que les nobles et leurs écuyers devaient à l'Empire, et l'on aurait craint, en amoindrissant leurs priviléges, de provoquer des désertions qui auraient absolument privé la ville des prestations de ses bourgeois nobles (1).

Le grand bailli prit cette requête en considération et, conformément aux propositions qui lui étaient soumises, il rendit, le vendredi avant la Saint-Laurent (9 août) 1521, une ordonnance qui réduisait le nombre des tribus de vingt à dix et celui des conseillers de trente à vingtquatre, à savoir : quatre fournis par les nobles ou bourgeois faisant partie de la société de la vieille Couronne, les vingt autres par les corps de métiers, à raison de deux par tribus, dont l'un en qualité de membre du collége des Treize. Par cette première diposition, on voit que la société de la Cave à la balance avait cessé d'exister comme corps politique et que celle de la vieille Couronne représentait, en 1521, les rebelles de 1358 et les amnistiés de 1359.

Si le conseil se réunit au son de la cloche ou sur

1. Par un rescrit daté de Gratz, 20 août 1478, l'empereur Frédéric III avait ordonné que, si les nobles résidant à Colmar, dispensés, à cause du service rendu par eux à l'Empire, de la contribution et de la taille exigées des autres bourgeois, se refusaient à obéir aux réquisitions que la ville, pour son avantage et celui de l'Empire, pourrait faire de leur service, ils cesseraient de faire partie du conseil en leur qualité de noble, et perdraient leur immunité fiscale. — Un précédent diplôme de l'empereur Sigismond, daté d'Iglau, veille de l'Assomption (14 août) 1436, stipulait qu'à Colmar l'anoblissement n'affranchissait pas les bourgeois de leurs charges antérieures envers la commune, et que les terres grevées de l'impôt foncier continueraient à y être soumises, si même elles passaient entre les mains de particuliers que leur noblesse privilégiait devant le fisc. (Archives de Colmar, AA. Mesures contre la noblesse)

convocation *(oder sunst besendet)* apparemment
dans les circonstances où il ne siégeait pas comme
corps judiciaire, les zunftmestres y auront entrée
avec voix délibérative et consultative, de même que
les autres conseillers.

Le renouvellement annuel du conseil et des chefs
de tribus est reporté de la Pentecôte au dimanche
après la Saint-Laurent. Les opérations commence-
ront le vendredi par l'élection de l'obristmestre,
faite en commun par les conseillers titulaires et les
chefs de tribus, en présence de l'obristmestre sor-
tant. Leur choix devra être tenu secret jusqu'au
samedi, jour où le conseil se réunit et où le nouvel
obristmestre lui est présenté. Le conseil procédera
aussitôt à l'élection du prévôt, et fera prêter serment
à l'un et à l'autre. Le dimanche, les corps de métiers
procéderont à la nomination des chefs de tribus et
des conseillers, auxquels les officiers sortants se
joindront pour nommer en commun les trois bourgmestres, dont chacun exercera la régence un tiers
de l'année. L'un des trois sera pris parmi les quatre
conseillers nommés par la société de la vieille Couronne, les deux autres parmi les vingt représentants
des tribus. Comme précédemment, le bourgmestre
noble ne pouvait être régent qu'au milieu de l'année,
les deux plébéiens devant l'ouvrir et la fermer.

L'ancien conseil, joint aux nouveaux zunftmestres,
aura ensuite à désigner parmi les deux élus de chaque tribu, celui qui fera partie du collége des
Treize.

Le bailli provincial ou son représentant, dont la
présence à ces opérations était nécessaire à cause
de la prestation des serments, l'obristmestre et le
prévôt sortants choisiront le greffier de la ville.

Les mêmes obristmestre et prévôt sortants s'en-
tendront avec les dix conseillers, pour nommer par
tribu un conseiller assesseur ou suppléant. Si les
voix se partagent sur ces choix, par son suffrage le
greffier rompra l'équilibre des votes.

Si les dix conseillers et les chefs de tribus ne sont
pas unanimes dans le choix de l'obristmestre, le
bailli provincial ou son lieutenant se joindra à eux,
et le corps électoral ainsi constitué nommera à la
majorité des voix le premier magistrat de la cité, à
qui la bannière de la ville est remise.

Les trois bourgmestres, le conseil et les zunftmestres feront choix de cinquante bourgeois honorables, voisins de l'obristmestre, qui, en cas d'alarme,
devront se ranger autour de lui et se rendre sous
sa conduite sur la place de Saint-Martin (place
d'armes). Les trois bourgmestres auront chacun en
pareil cas trente hommes à leur disposition, avec
lesquels ils se rendront de leur côté sur la place de
l'église. Les autres bourgeois se réuniront autour de
leurs zunftmestres respectifs, qui mèneront également leur monde sur la place, pour de là se rendre
sur le point où l'obristmestre jugera utile de les
employer.

En cas de décès de l'obristmestre, il devra être
remplacé immédiatement, dans les formes ordinaires
de l'élection et sans attendre l'époque du renouvellement annuel.

Les anciens membres du conseil pourront être
réélus. Seulement, pour un conseiller noble resté en
fonctions, on devra toujours maintenir deux plébéiens.

Si l'empereur vient à décéder, obristmestre, bourgmestres, conseillers et chefs de tribus continueront

leurs fonctions pendant toute la durée de l'interrègne, et tant que le nouvel empereur n'aura pas
été reconnu *(empfohet)* par la ville et qu'elle ne lui
aura point prêté foi et hommage.

Cette nouvelle constitution du magistrat et du
conseil devait rester en vigueur jusqu'à ce que le
bailli provincial, le conseil, les échevins et la communauté reconnaissent la nécessité d'y substituer quelque chose de mieux, et chaque année, le dimanche
après la Saint-Laurent, connu de nos ancêtres sous
le nom de maître-jour *(meistertag)* la commune
devait jurer de la maintenir fidèlement (1).

Cette ordonnance est le dernier remaniement que
subit la constitution de Colmar avant la conquête
française. De même que celle de 1424, elle la déve-
loppe plutôt qu'elle ne la modifie. Il ressort clairement qu'elle est due à l'initiative de la commune,
et le bailli provincial réserve expressément à la ville
la faculté d'introduire à l'avenir, de concert avec
lui, de nouveaux changements dans ses institutions.
Cela nous donne la mesure de la part qu'elle eut
aux actes antérieurs.

Le document qui nous occupe est précieux surtout par ses détails sur le mode d'élection adopté
pour le renouvellement annuel de l'administration.
Nous voyons à l'aide de quelles combinaisons sa-
vantes nos pères, tout en donnant aux différents
pouvoirs une origine commune, ont su les rendre
indépendants les uns des autres ; comment ils les
ont fait se contrôler mutuellement ; comment ils ont
laissé les intérêts complexes et l'opinion des gou-

1. Archives de Colmar, AA. Développement ultérieur de la
constitution du corps municipal.

vernés réagir sur les gouvernants ; comment ils ont
su, malgré l'extrême amovibilité des officiers, assurer d'année en année la continuité des vues et des
traditions administratives dans les offices. C'est par
l'étude de ce document que nous pouvons surtout
apprécier la sagesse pratique de ceux qui nous ont
précédés.

XXXI

EUX points de l'ordonnance demandent
quelques éclaircissements.

Elle mentionne les échevins à la suite du
conseil, comme ayant pris part aux changements qu'elle promulgue, et leur réserve également
le droit de se prononcer sur les modifications à venir.
C'est la première fois que nous trouvons les échevins
mentionnés comme corps politique. Mais il s'en faut
de beaucoup que l'institution fût récente. Les échevins avaient qualité pour valider par leur présence
certains actes de droit privé : nous trouvons dès
l'année 1264, un exemple de cette intervention dans
le testament d'Elisabeth, veuve de Werner de Hattstadt d'Entringen, par lequel elle lègue aux religieuses d'Unterlinden des champs et des prés situés
à Colmar et dépendant de son patrimoine (1).

Les échevins étaient de plus les assesseurs du
prévôt, quand il siégeait à son tribunal, établi jusque

1. *Die gabi det ih ce Colmare, mit minis wirddes hant, da
gegenwirtdie was min vetter Her Cvnrat Wernher, Her
Iohannis sin cappelan, Her Sivirt von Gvndolsheim, Her Hessi
von Cvnsheim, der do scvltheiʒi was, vnd mit iemj scevil vnn
ammän und anderri lvtdi vil, geistlich vnd weltlich.* (Ar chives
du Haut-Rhin, fonds d Unterlinden.)

dans des temps assez rapprochés de nous, sous l'arcade à côté de la police, formant passage entre la Place d'armes et la rue des Marchands : c'était sur leur avis et avec leur assentiment qu'il rendait ses sentences et qu'il recevait les contrats ; on peut admettre que les témoins mentionnés dans ces actes sont les échevins mêmes qui y assistaient.

La durée de leurs pouvoirs ne semble pas avoir été limitée comme ceux des conseillers ; du moins les renouvelait-on sans règle fixe, selon les vacances occasionnées par les décès. Leur nombre même était variable : on en compte 122 en 1515, 138 en 1546 et en 1567, 124 en 1622. Ils étaient élus par les tribus et agréés par le conseil.

Le renouvellement se faisait sous la présidence de l'obristmestre, des stettmestres et du prévôt ; les membres du corps municipal, magistrats, conseillers, membres du collége des Treize et zunftmestres, figuraient régulièrement en tête des échevins de leurs tribus respectives.

Les échevins étaient tenus d'assister les particuliers qui venaient requérir leur présence, comme témoins d'un contrat de vente ou d'une obligation, et de leur en donner une attestation ; de porter témoignage devant le conseil, si l'affaire donnait lieu à contestation. Pour que leur intervention fût valable, ils devaient être à deux ; en cas de décès de l'un, si le survivant était appelé en témoignage, il se rendait sur la tombe du défunt, où il faisait sa déposition sous la foi du serment : dans cette forme elle avait la même authenticité que si les deux échevins avaient rendu témoignage simultanémnent (1).

1. Archives de Colmar, BB. Renouvellement du conseil des

16

Réunis en corps, comme lors des délibérations sur la réduction du nombre des tribus, les échevins formaient une sorte de grand conseil, dont l'avis était nécessaire pour passer outre à l'exécution des mesures importantes, et au concours duquel on faisait appel dans les situations difficiles. Ainsi à la fin du renouvellement de 1577, on lit cette mention :

« Cejourd'hui, il a été unanimement reconnu par » le conseil des échevins : Attendu qu'on a eu des » indices, et qu'il y a même actuellement un com- » mencement d'exécution d'un projet tendant à dé- » pouiller Colmar et d'autres villes du grand-bailliage » de leurs libertés, l'avis des échevins est que l'unique » voie de salut, c'est la concorde et, pour assurer » le maintien des franchises, les échevins se joignent » à leurs seigneuries du magistrat et du conseil, prêts » à leur sacrifier leur corps, leur sang et leurs biens, » en tant que la défense de la liberté commune » l'exigera (1).

L'autre point qui demande des éclaircissements, c'est l'élection du prévôt.

Dans le statut municipal de 1278, l'empereur avait déjà promis de ne conférer la prévôté qu'à un bourgeois résidant à Colmar (2). C'était là une

échevins. — Le voisinage des morts semble avoir imprimé un caractère plus auguste aux actes publics. Du moins trouve-t-on à Colmar des notaires instrumentant « au cime- tière, à la droite de l'église de Saint-Martin. » (Archives de Colmar, AA. Vidimus collectifs de diplômes impériaux, tran- scription du 15 janvier 1429.

1. Ibidem BB. Renouvellement du conseil des échevins.

2. *So geloben wir och den burgern von Colmer, daʒ wir in dekeinen schultheiʒen geben svln, niwan der ein burger da si vnd och bi in geseʒen si.*

concession en apparence considérable, puisqu'elle limitait le pouvoir du souverain dans le choix de son représentant ; mais en octroyant aux bourgeois la faculté de posséder des fiefs, Rodolphe de Habsbourg, comme landgrave d'Alsace, avait toujours le moyen de ne prendre le représentant de la commune que parmi les hommes-liges de la maison d'Autriche.

En 1347, nous avons vu Jean de Lichtenberg promettre au nom de l'empereur que, si le prévôt n'exerçait point sa charge personnellement, il ne pourrait la concéder qu'à la ville (voyez p. 51), et Charles IV approuver la promesse faite par son bailli provincial (p. 53). Seulement, le 17 octobre précédent, le lendemain de la Saint-Gall, à Toste, le même prince avait engagé la prévôté à Burcard Münch le jeune de Landskron, avec tous les droits utiles et honorifiques qui en dépendaient (1) ; pour rétablir l'office dans les conditions fixées par Rodolphe Iᵉʳ, la ville dut le racheter à ses frais, pour le compte de l'Empire, le mardi après la Saint-Martin (14 novembre) 1357 (2). Il n'en est pas moins vrai qu'à cette époque déjà, le prévôt, délégué de l'Empire dans la commune, semble n'avoir plus eu aux yeux de l'empereur son importance primitive. La longue anarchie qui marqua le milieu du siècle, fit sentir toutefois la nécessité de maintenir son action, et l'on se souvient que les mesures prises alors pour ramener l'ordre dans la cité, accordent au prévôt un rôle prépondérant. Cependant l'alliance de la Décapole avait fait des villes impériales d'Al-

1. Archives de Colmar, FF. Prévôté.
2. Ibidem.

sace comme une seule commune avec le bailli provincial à sa tête, et lorsque Colmar eut franchi la
période de troubles qui lui avait été si fatale, le
prévôt devint un intermédiaire quasi superflu pour
l'Empire, et sa charge un simple moyen de créer des
ressources. C'est ainsi qu'elle fut engagée par Wenceslas, sous la date de Francfort, lundi avant l'Ascension (3o avril) 1380, à Pierre de Saint-Dié, pour
s'acquitter des sommes qu'il lui devait comme roi
des Romains (1). Quoique habitant Colmar, le nouveau prévôt n'était pas encore bourgeois; mais il se
fit recevoir le 3o juin suivant, conformément au
statut de 1278 (2). Le roi Robert suivit cet exemple
que lui avait donné son prédécesseur et, le mercredi avant Pâques (23 mars) 1407, à Schœnau, il
transféra la prévôté à Eppe de Hattstadt au prix de
mille florins (3). On aura remarqué que l'ordonnance
du 23 octobre 1424 passe le prévôt sous silence, et
qu'à propos des jugements à rendre par le conseil
(voyez p. 95) elle paraît confier la direction de ses
délibérations, comprise autrefois dans les attributions
du prévôt, à un simple conseiller. Nous pouvons
en conclure que le rôle du prévôt dans l'administration de la justice était réduit à la présidence
du tribunal, tel que nous l'avons trouvé constitué
en 1323, comme juridiction inférieure, en face du
conseil qui exerçait la juridiction supérieure (v. ci-
dessus p. 34). Enfin en 1425, le samedi après l'exaltation de la Sainte-Croix (15 septembre) 1425, à Tottis
en Hongrie, l'empereur Sigismond autorisa la ville

1. Archives de Colmar, FF. Prévôté.
2. Ibidem, BB. Admissions au droit de bourgeoisie.
3. Ibidem, FF. Prévôté.

à racheter définitivement la prévôté et à en disposer à perpétuité (1). C'est ainsi qu'elle devint simple office municipal. Mais elle ne fut rendue élective qu'en 1521 : jusqu'à cette date, les officiers que la ville revêtait de cette charge, ou qui la prirent à ferme, ne participent point au renouvellement annuel des magistrats et des conseillers.

Nous avons vu ci-dessus (p. 108) que la vacance du grand bailliage, de 1470 à 1486, rendit un moment au prévôt son mandat de représentant de l'Empire. Rien ne justifie mieux ce que je viens de dire de la corrélation des deux offices, et du peu d'importance du prévôt, comme rouage politique, quand le grand bailli était à son poste.

XXXII

JE pourrais clore ici mes recherches, mais je ne crois pas inutile de rappeler à grands traits la destinée ultérieure de ces institutions si laborieusement établies.

Tout fait supposer que le retour de l'Empire à la maison d'Autriche, en la personne d'Albert II et de Frédéric III, avait mis nos villes en grande défiance, et qu'il en résulta un certain trouble dans les notions politiques que l'expérience leur avait inculquées. Aucune ne pouvait avoir oublié les entreprises incessantes dont les Habsbourg, même exclus du trône impérial, avaient menacé leur immédiateté et leur indépendance. L'exemple de Mulhouse, qui

---

1. Archives de Colmar, FF. Prévôté. cf. *Als. diplom.*, t. II, p. 340. Le texte de Schœpflin, d'après un vidimus de 1459, est peu correct.

depuis si longtemps était comme une proie jetée à toutes les convoitises des vassaux nobles des pays antérieurs, parlait assez haut des dangers que la nouvelle grandeur des descendants de leurs anciens landgraves allait faire courir à leurs libertés.

Malheureusement il leur était difficile de concilier ce qu'exigeait leur sécurité, avec la fidélité qu'elles devaient au nouveau prince, et elles ne surent même pas ménager leurs alliés naturels contre la maison d'Autriche.

L'avénement de Frédéric III menaçait les Cantons confédérés au même titre que les états immédiats de l'Alsace. Le plus simple sentiment de leur situation aurait dû rapprocher nos villes libres et nos villes impériales des vaillants montagnards qui, depuis Morgarten, tenaient les Habsbourg en échec. Malheureusement à ce moment même éclatait leur première guerre civile avec Zurich, et pour pouvoir résister aux autres cantons, Zurich se jeta dans les bras de l'Autriche. Cette scission fut pour Colmar un premier sujet d'hésitation, et quand au commencement de 1444, Bâle, au nom de ses alliés, d'une part, Zurich de l'autre, les prièrent d'assister à une conférence qui devait se tenir à Baden, sous les auspices de l'évêque de Constance, le maître et le conseil déclinèrent cette double invitation, par la raison que leur ville n'avait pas sujet de sortir de sa neutralité, et qu'elle reconnaissait pour son suzerain le roi des Romains, l'aîné des princes et le chef de la maison d'Autriche (1) qui avait pris parti parmi les belligérants.

1. Archives de Colmar, BB. *Liber missivarum*, 1442-48, f° 69 verso et 70 recto, lettres du 21 et du 28 janvier 1444.

Plus tard, comme on les accusait malgré cela d'une connivence secrète, ils protestèrent auprès du margrave Guillaume de Hochberg-Sausenberg, grand bailli des pays antérieurs, contre ceux qui les croyaient capables de faillir à leur loyauté et de se déclarer pour les Confédérés et contre la maison d'Autriche (1).

Enfin quand la guerre eut éclaté, et que Bâle demanda à notre ville, non pas un concours effectif, mais simplement pour les Confédérés la faculté de s'approvisionner chez elle, si les opérations militaires faisaient passer leurs troupes à sa portée, le maître et le conseil opposèrent à cette demande un refus formel (2).

Et cependant l'entente de l'empereur Frédéric III avec le dauphin Louis XI, et sa responsabilité dans l'invasion de l'Alsace par les Armagnacs avaient été flagrantes, et si l'on avait pu oublier ses menées, est-ce que les trames qu'il ourdit plus tard avec Charles le Téméraire, dont la fille devait un jour devenir sa bru, non seulement contre les ressortissants de l'Empire en Alsace, non seulement contre les Confédérés, mais même contre son cousin Sigismond d'Autriche; n'auraient-elles pas dû déterminer dans la politique de nos villes le même changement de front, définitif, absolu, qui s'était opéré à Mulhouse en 1466, et auquel cette dernière ville resta fidèle jusqu'au bout ?

Quand, dans la direction de leurs affaires, nos pères commettaient des méprises pareilles, il ne servait plus de rien de faire des difficultés pour

1. Ibidem, fᵒ 115, recto, lettre du 30 décembre 1444.
2. Ibidem, fᵒ 117, recto, lettre du 26 mars 1446.

changer de grand bailli, et il ne restait plus qu'à prendre l'habitude du joug. Ils n'y manquèrent point, et c'est ainsi que le maître et le conseil de Colmar se firent octroyer par Maximilien Ier un diplôme, daté de Spire, 17 décembre 1512, qui autorisait la ville à poursuivre, soit devant le tribunal aulique de Rothweil, soit devant la régence d'Ensisheim, c'est-à-dire devant l'ancienne juridiction landgraviale, ceux qui transgresseraient malicieusement les franchises, droits et bonnes coutumes de leur ville (1). On considérait sans doute ce privilége comme une garantie sérieuse ; car on le fit renouveler, le 31 mai 1559, à Augsbourg, par l'empereur Ferdinand Ier qui, par une véritable ironie, en ce qui concernait du moins la régence, qualifie l'un et l'autre tribunal de conservateurs des libertés communales (2). Au fond ce n'était pas autre chose que le droit d'en appeler des mesures du grand bailli, qui représentait plus spécialement l'Empire, devant la régence d'Ensisheim, qui n'était qu'un établissement autrichien. Et c'est après avoir ainsi compromis son indépendance politique, que Colmar autorisa, en 1575, l'introduction de la Réforme, et que ses familles patriciennes firent ouvertement profession du culte protestant, ce qui provoqua tout d'abord une irrémédiable scission dans la population et à bref délai l'ingérence des archiducs dans les affaires intérieures de la cité.

La guerre de Trente ans et les éclatants succès qu'elle valut d'abord à la maison d'Autriche, permirent à l'empereur Ferdinand II de tout oser, chez

1. Archives de Colmar, AA. Tribunaux conservateurs des priviléges.
2. Ibidem.

nous comme ailleurs et, en 1627, il interdit à la ville de Colmar l'exercice public et privé du culte protestant. Du moment que les consciences ne furent plus libres, que les vieilles familles patriciennes, fidèles à la foi qu'elles avaient adoptée, furent exilées, l'indépendance de la commune ne pouvait plus faire ombrage. Les archiducs croyaient ne plus rencontrer d'entraves, lorsque Gustave-Adolphe parut dans l'arène où se débattaient les grandes questions de liberté religieuse et d'équilibre européen, dont la solution devait coûter de si longs efforts et une telle effusion de sang.

L'armée suédoise délivra Colmar des mains de l'Autriche et quand, après la bataille de Nordlingen, la cause protestante dut appeler un nouveau champion à son secours, les diplomates suédois remirent la ville, de même que leurs autres conquêtes en Alsace, à la couronne de France. Un traité particulier fut conclu par Louis XIII avec Colmar, le 1ᵉʳ août 1635, à Ruel, pour régulariser la protection qu'il lui accordait et dont la ville avait le plus urgent besoin (1). Dans une guerre générale une place comme Colmar n'était pas en état de se suffire à elle-même.

La paix de Westphalie accorda l'Alsace à la France pour l'indemniser de ses frais de guerre. Le paragraphe 73 du traité de Munster lui concède nommément la préfecture provinciale des dix villes impériales, avec tous les droits, possessions, juridictions qui compétaient à l'empereur, à l'Empire et à la maison d'Autriche. Mais le paragraphe 87 stipule que le roi de France devra laisser ses nouveaux do-

1. Archives de Colmar, AA. Guerre de Trente ans. cf. Laguille, Histoire d'Alsace, preuves, p. 144.

17

maines jouir pleinement de leur immédiateté envers l'Empire, qu'il ne prétendra aucune supériorité royale, mais se contentera du droit de suprême domaine concédé par le paragraphe 73.

Le paragraphe 75 imposa également au roi l'obligation de maintenir la religion catholique dans les domaines qui lui étaient échus, et de faire disparaître toutes les nouveautés en matières de culte qui s'y étaient introduites à la faveur de la guerre (1).

La paix de Westphalie sacrifiait donc à la fois la nationalité de l'Alsace et menaçait sa liberté de conscience. Ce coup désastreux porté à quelques villes d'une importance secondaire, par le consentement mutuel des deux plus puissants empires de l'Europe, pouvait-il éveiller dans le cœur de ceux qu'il frappait, un autre sentiment qu'une douloureuse résignation ? D'autres se seraient courbés ; mais nos pères trouvèrent en eux-mêmes de plus viriles inspirations. Les dix villes se serrèrent étroitement les unes contre les autres, et quand Louis XIV voulut leur faire porter leurs appels devant le conseil souverain institué à Ensisheim, à la place de l'ancienne régence autrichienne; quand son bailli provincial, le duc de Mazarin, exigea d'elles un serment qu'elles jugèrent incompatible avec leur immédiateté, elles se défendirent avec un ferme courage sur le terrain du droit et du raisonnement, encouragées et applaudies par l'opinion unanime de l'Allemagne. La brutalité du duc de Mazarin ne vint pas à bout de leur résistance. Vaincues, mais non soumises, elles eurent recours à la diète germanique, qui ob-

1. Fréd. Léonard, Recueil des traités de paix, t. III.

tint de Louis XIV le renvoi de ces étranges difficultés à une commission arbitrale.

Dans l'espace de six ans, de 1667 à 1673, on ne parvint pas à se mettre d'accord. Aux pressantes instances et aux arguments des villes impériales, les agents de la France répliquaient d'une façon qui faisait le plus grand honneur aux ressources de leur esprit, mais qui démontrait que leur unique intention était de gagner du temps. Pendant que les arbitres se prêtaient à ces débats avec le flegme particulier aux diplomates allemands, les villes se décidèrent à porter le litige devant le tribunal de l'opinion, et publièrent en 1670, en un in-4° de 46 pages, leur *Relatio summaria, ex actis publicis in causa civitatum imperialium in Alsatia unitarum;* glorieux monument de leur énergique résistance aux volontés du grand roi, que le Père Laguille n'a eu qu'à analyser pour faire l'histoire de cette lutte mémorable, et qu'en désignant sous le titre d'*Acta colmariensia,* il fait suffisamment connaître comme sorti de la chancellerie de Colmar.

Mais que pouvait un appel à l'opinion sur les desseins de Louis XIV? Le temps marcha sans faire avancer la question d'un pas, et l'on arriva enfin à la coalition de l'Empire, de l'Espagne, du Brandebourg et de la Hollande contre la France.

Colmar saisit ce moment pour remettre à la diète germanique, sous la date du 6 mars — 24 février 1673, un mémorial signé, au nom des villes de la Décapole, par son syndic Antoine Schott et par le bourgmestre de Schlestadt, Jean-George Heinrich (1).

_____

1. In-4° (II) 13-56 pages. Le député de Colmar était le petit-fils du greffier-syndic du même nom, qui s'était retiré à Bâle, à

Cependant la guerre limitée d'abord à la Hollande tendait à remonter le Rhin. Au mois de juillet nos plaines se couvrirent de troupes françaises, et Colmar ne fut pas épargné. De ce moment on mit en vigueur ce système de réquisitions qui devait ruiner la ville et épuiser les bourgeois. Louvois vint examiner toutes choses en personne ; il annonça la venue du roi qui se proposait de visiter Colmar. Le puissant ministre insinua aux députés que son maître ne songeait en aucune façon à dépouiller leur ville de son immédiateté ; mais que, dans le danger, présent il voulait y mettre une garnison, et être entouré de sa maison militaire pendant son séjour dans leurs murs.

Sur cette assurance, la ville ouvrit ses portes. Louvois se hâta d'y faire entrer de la troupe, et fut

la suite de l'abolition de la Réforme. Lui-même était né à Colmar, le 25 juin 1636. Il avait fait ses études à Montbéliard et à Colmar, et son droit à Bâle et à Tubingue. Après un voyage fait à diverses cours allemandes, en compagnie du landgrave Guillaume-Christophe de Hesse-Hombourg, il se rendit à Strasbourg, en 1661, pour y soutenir sa licence, et revint à Colmar, où il épousa la veuve du médecin Jean-Valentin Willius. Cet établissement l'obligea à se démettre d'une charge de conseiller à la cour de Hesse-Hombourg, dont il avait été revêtu. En 1666, il fut nommé archiviste de la ville ; mais presque aussitôt Colmar l'employa dans ses négociations à la cour de Vienne et à la diète de Ratisbonne. En 1671, la ville lui conféra le titre de premier syndic. Mais l'exécution militaire de 1673 lui fit perdre son mandat et son emploi. En 1675, il passa au service de l'électeur de Saxe, en qualité de conseiller, mais ne resta pas moins à Ratisbonne comme représentant de ce prince à la diète. Il fut anobli en 1682, et mourut à Ratisbonne, le 21 novembre 1684. cf. *Der Demütige Beter Jacob... als der... Herr... Antonius Schott... von Daniel Zimmermann. — Regensburg, 1685, in 8*" (Documents biograraphiques publiés à l'occasion de son décès).

en un instant, sans coup férir, maître de la place. La
ville et les habitants furent désarmés, et Louis XIV
ayant reconnu les fortifications du dehors en ordonna la démolition. Il voulait sans doute éviter de
laisser une place d'une certaine importance à la disposition des Impériaux, si la guerre devait être portée
en Alsace ; mais il songeait surtout qu'en humiliant
nos pères, il brisait d'un coup leur opposition persé-
vérante à ses projets. Mademoiselle de Montpensier
dans ses Mémoires ne laisse aucun doute sur la pensée
du roi (1). M. Billing, qui écrivit sa petite Chronique
manuscrite évidemment sur des documents contemporains, lui prête, à la vue des premiers travaux de
démolition, ce mot caractéristique : « Les messieurs
de Colmar ne seront plus si fiers.» Le récit de Mademoiselle de Montpensier le rend très-vraisemblable.

Lorsque la souveraineté de la France fut devenue,
sinon un droit, du moins un fait, il suffit de peu de
chose pour faire de la vieille cité allemande un mu-
nicipe français.

Voici comment se résumait l'organisation du corps
municipal au début du nouveau régime.

A sa tête se trouvait le magistrat, composé de
l'obristmestre, des trois stettmestres, du prévôt et
du syndic. Le stettmestre-régent «prenait soin» des
parties qui ont des causes pendantes devant le
conseil, «qui s'adressent à lui et dont il dresse un
mémoire pour les faire entrer à l'audience.»

Ensuite venait le conseil composé de trente élus
des corps de métiers, plus l'obristmestre, le prévôt
et le syndic. Des trois élus de chaque tribu, le premier
est le zunftmestre, le second le Treize, le troisième

1. Collection Michaud et Poujoulat, III série, t. IV, p. 204.

le conseiller proprement dit. Leurs charges, comme celles du magistrat, étaient soi-disant annuelles, ce qui ne signifiait rien de plus, si ce n'est que ceux qui en étaient revêtus, alternaient entre eux chaque année.

Le conseil des échevins était composé de cent-vingt membres, les plus anciens et les plus honorables des corps de métiers, désignés, selon la tribu à laquelle ils appartenaient, sous le titre de Vingt ou de Douze. Il ne se réunissait que dans les circonstances les plus solennelles, alors qu'il y allait « du salut public de la ville et de la communauté. »

Le prévôt connaissait des petites dettes, des loyers, des salaires, des injures et voies de fait, et faisait rapport au conseil des affaires criminelles.

Le syndic ou greffier de la ville avait pour attributions les affaires civiles et communales ; pour les affaires communales, le plumitif en était confié au greffier de justice (1).

Il s'agissait pour le gouvernement de trouver un accès dans ce corps fermé, pour y faire pénétrer l'autorité du roi.

Le 3 octobre 1680, sur la requête des habitants catholiques, qui se plaignaient que la population protestante, étant la plus nombreuse, les empêchait de parvenir aux fonctions, le conseil d'Etat rend un arrêt ordonnant que les charges, dignités et emplois municipaux seront dorénavant également partagés entre les deux cultes (2). La mesure s'ins-

1. Archives de Colmar, AA. Constitution de la commune sous la domination française. « Mémoire touchant l'estat du gouvernement de la ville de Collmar » de 1690.

2. Archives de Colmar, BB. Partage et alternative des fonctions.

pirait des vrais principes de tolérance que la paix de Westphalie avait introduits dans le droit public de l'Europe ; quel que fût le nombre des fidèles de l'un et de l'autre culte, elle les mettait sur un pied d'égalité au regard de la commune, et rien n'a plus contribué au dernier siècle au maintien de la paix religieuse au sein de la cité.

En 1686, institution d'un prévôt royal qui devient, en 1690, le prêteur royal. Le roi déléguait le nouvel officier « pour en ladite qualité prendre rang et séance en l'hôtel de ville de Colmar, avec la faculté d'entrer dans toutes les assemblées qui se feront au nom du magistrat, et dans tous les conseils qui s'y tiendront, tant pour les règlements de la police et l'administration de la justice, que pour les revenus et despenses de la ville ; ensemble veiller à ce qu'il ne s'y passe rien de contraire au service du roi ; avoir dans lesdites assemblées voix décisive, tant en consultation des matières criminelles que civiles, et terminer conjointement avec eux *(sic)* toutes les affaires qui se présenteront ; avec ordre de ne souffrir aucune assemblée extraordinaire qu'il n'y soit présent et participant, et généralement faire et exercer toutes les fonctions attachées à la charge de prévôt royal » (1).

La création de cet office, qui ne relevait plus de l'élection, et dont les fonctions étaient viagères, avait été précédée, le 21 mai 1683, d'un arrêt du conseil d'Etat qui, dans les villes d'Alsace où elles étaient devenues perpétuelles, avait admis la triennalité des charges de magistrats. Colmar était de celles où

1. Archives de Colmar, AA. Prêteur royal, lettres de provisions du 14 août 1686.

l'institution primitive s'était altérée à ce point, et la mesure lui était applicable. Malgré cela, quand, en 1694, les stettmestres Joner et Madamé arrivèrent à l'expiration de leur mandat, l'intendant de La Grange intervint pour les maintenir en fonctions; en même temps il recommanda un sieur Peterson, beau-frère de l'abbé d'Ebermünster pour la première place qui deviendrait vacante.

En 1700, nouvelle intervention du gouverneur et de l'intendant d'Alsace en faveur de MM. Joner et Madamé, qui sont derechef confirmés dans leurs fonctions; de plus, toujours par ordre, on fait entrer dans le magistrat Nicolas Scheppelin, ancien bourgmestre du Vieux-Brisach, qui s'était retiré à Colmar, lorsque cette ville eut fait retour à l'Allemagne, après la paix de Riswick, et qui avait obtenu la promesse que la première charge de stettmestre vacante serait pour lui (1).

De son côté le magistrat imite les procédés de l'administration supérieure et, en 1707, quand il s'agit de donner un successeur au stettmestre Matthieu Joner, il proposa à l'intendant de La Houssaye de nommer à sa place son fils Jean-François Joner, jusque-là conseiller et zunftmestre, ce qui fut accordé (2).

Il est vrai que si le magistrat manifestait ses préférences, à l'occasion il invoquait aussi des motifs d'exclusion. Ainsi, en 1711, il alla jusqu'à proposer au comte Dubourg, gouverneur d'Alsace, de ne pas maintenir comme conseillers les sieurs Sonntag et Hurst, qui s'étaient « rendus indignes de cette place

1. Archives de Colmar, BB. Renouvellement du corps municipal.
2. Ibidem.

par une cabale factieuse et par leur peu de respect
et de soumission, principalement dans l'exécution
des ordres qui leur étaient donnés, concernant le
service du roi et celui de la ville » : le plus mal noté
était le sieur Sonntag qui, en 1709, lors de la tentative des Impériaux dans la haute Alsace, sous le
commandement du comte de Mercy, s'était fait remarquer par l'incorrection de son attitude (1).

Dans ces conditions, l'homme public ne pouvait
maintenir l'indépendance de son caractère, ni vis-à-
vis de ses collègues, ni vis-à-vis du gouvernement,
et le renouvellement devenait une vaine formalité,
impuissante à combattre l'arbitraire. Pour mieux
marquer le mépris de la tradition, la coopération
du grand bailli cessa d'être nécessaire. En 1690,
après la mort du dernier titulaire, du baron de
Montclar, l'intendant de La Grange consulté sur le
renouvellement, et informé que la ville en avait fait
part au duc de Mazarin, à qui le roi venait de rendre
le grand bailliage, lui répondit que ce n'était « plus
l'affaire du grand bailli d'y assister » et qu'il valait
mieux s'adresser au marquis d'Huxelles, alors gouverneur d'Alsace.

La ville suivit ces instructions et le gouverneur
délégua pour le représenter M. Danastasy, comman-
dant de Colmar.

On allait procéder au renouvellement, quand sur-
vint M. Menweeg, receveur des rentes du grand
bailliage, muni d'une commission du duc de Mazarin,
qui prétendait intervenir dans les opérations.

Un conflit était imminent : pour l'éviter on tomba
d'accord que, comme la présentation du nouveau

1. Ibidem.

grand bailli n'avait pas encore eu lieu, que le marquis d'Huxelles n'avait pas davantage prêté le serment réciproque ni délivré ses réversales, la ville ne jurerait qu'au roi et non au grand bailli (1).

Remarquons cependant qu'en 1755, le duc de Châtillon, grand bailli d'Alsace, s'étant fait reconnaître par la ville et lui ayant prêté serment, ses officiers intervinrent de nouveau dans les élections.

En même temps que le renouvellement perdit sa sincérité, le corps électoral se réduisit de plus en plus. L'élection cessa d'être confiée aux bourgeois, et devint l'attribution des échevins. Le conseil des échevins avait été reporté à cent cinquante-deux membres, auxquels, en cas d'élection, se joignaient le prêteur royal, les stettmestres et les conseillers en exercice. Seulement un arrêt du conseil, du 23 août 1717, était revenu sur la réforme tentée par celui du 21 mai 1683, et avait confirmé les magistrats, leur vie durant, dans l'exercice et la possession de leur charge, de sorte que, dans chaque carrière administrative, ces rares électeurs n'eurent plus à intervenir qu'à son début. Malgré le roulement qui, tout en changeant le titre, maintenait la gestion, l'office n'était plus qu'une fonction viagère, de délégation temporaire qu'il avait été. Celui à qui la ville l'accordait, n'était pas comptable envers elle. Pourvu qu'il fût agréable à l'intendant, il devenait l'homme du roi, inviolable tant que la majesté royale le couvrait de sa propre inviolabilité.

Pour faire mieux comprendre le jeu des institutions ainsi viciées, que l'on me permette d'emprunter le passage suivant aux Annales manuscrites

1. Ibidem.

du dernier greffier-syndic de Colmar, le savant Chauffour, si versé dans la connaissance des antiquités de la ville. Cet extrait en dira plus que toutes nos réflexions et sera comme la conclusion de ce travail.

« Le 19 aoust (1759) on a procédé au renouvelle» ment du magistrat. Il vaquoit deux charges de stett» maistre par la mort de MM. Rieden et Brueder ; » la bourgeoisie a élu les sieurs Petit et Foltz. Ce der» nier a été élu dans le premier scrutin ; mais comme » le sieur Petit étoit le plus ancien conseiller de ville, » il a eu le rang sur l'autre. A cette élection le prê» teur s'est arrogé le droit de donner l'exclusion à » MM. Hürth et Dors pour brigues ; il n'en a pas été » fait mention dans le procès-verbal, parce que le » magistrat ne reconnoît point du tout au prêteur le » droit d'exclure personne. »

« Le 17 juin (1760) le magistrat reçoit un arrest du » conseil d'etat, rendu en commandement le 17 may » précédent, qui casse les élections des sieurs Petit » et Foltz, fondé sur la brigue, la cabale, le défaut de » fortune et d'état des élus, et nomme en leur place » MM. Jean-Baptiste Queffemme et Philippe-Théo» dore Drouyneau ; renvoye les sieurs Petit et Foltz » à leurs offices de conseillers de ville. »

Voilà ce qu'étaient devenues l'indépendance administrative, la vieille souveraineté de l'antique commune germanique sous nos anciens rois ; voilà où on arrive quand le pacte fondamental, l'équilibre nécessaire entre l'individu, la commune et l'Etat sont rompus ! Au quatorzième siècle, l'individu usurpait sur les prérogatives de la commune et de l'Etat : ce fut l'anarchie. Au dix-huitième siècle, l'Etat, absorbant les droits de la commune et de l'individu, engendra le despotisme. Situations également funestes, mais la dernière assurément la pire. L'anarchie ne cause guère que des désastres matériels : au despotisme il faut une litière de ruines morales. Il est toujours possible à des citoyens de réagir contre les dissidences factieuses de leurs pairs, surtout si la commune et l'Etat prêtent leur appui aux efforts qu'ils font pour la défense de la société. Mais que peut-on attendre d'esclaves contre lesquels l'Etat est armé de leurs droits usurpés, de toute la force organique du pays et de leur propre abaissement ? Il faut une réaction générale, d'autant plus terrible qu'elle a été plus lente à venir. La Révolution seule put mettre un terme à ce régime, qui remontait aux plus beaux jours du règne de Louis XIV ; mais par une étrange hallucination, persuadée que sa société devait se former, comme celle du despotisme, de haut en bas, et que pour laisser l'avenir prendre son essor, il fallait se séparer absolument du passé, elle acheva de faire disparaître le peu de nos institutions que la monarchie avait laissé subsister. Jusqu'au nom historique de la province, elle l'immola sur son autel. En appelant l'esprit public dans le forum et sur les champs de bataille, en la débarrassant de ses administrations locales, où le gouvernement avait vainement cherché à introduire des éléments nouveaux et où tous les abus s'étaient pétrifiés, elle réussit cependant à faire entrer l'Alsace, de tout son cœur et de toute son âme, dans la grande famille française.

C'est ainsi que l'histoire d'aujourd'hui se rattache à l'histoire d'hier. Je ne me dissimule point que le sujet que je viens de traiter, est ingrat ; mais j'ose croire qu'il n'est pas stérile. Il est toujours bon et moral de rappeler son passé à une commune qui a le droit d'être fière de ses souvenirs. On peut les oublier ou les ignorer, mais il suffit de lever le voile qui les couvre, pour les raviver. Les grandes actions de nos pères dans un cadre même modeste,

Facta patrum . . . .

. . . . . . antiquæ ab origine gentis,

ce qu'ils ont montré de courage, de force, d'activité, de persévérance, de sagesse et de modération, même avec les intermittences inévitables de la faiblesse humaine, avec les méprises politiques et les erreurs de conduite, doit être l'honneur et l'exemple des générations nouvelles.

Ces institutions vigoureuses, noble fruit de leurs efforts, sorties des entrailles même de la cité, ont dû passer sous le niveau du grand roi et sous celui de la grande révolution. Rien ne rappelle plus autour de nous ce que nos aïeux ont fait pour la liberté de leur travail, l'émancipation de leurs personnes, la sécurité de leurs foyers, l'indépendance de leurs consciences. Il ne reste, pour nous l'apprendre, que quelques documents poudreux, épars dans nos archives. Recueillons avec respect ces glorieux débris qu'un soin pieux nous a conservés; car de tous les biens immatériels d'une commune, je n'en connais pas de plus précieux que son histoire.

ES catalogues des prévôts, des bourgmestres et des obristmestres que je joins
à ces recherches sur la commune de Colmar,
sont le fruit d'un dépouillement de dix ans;
il s'est étendu des archives de la ville aux fonds des
maisons religieuses, dont les archives du départe-
ment ont le dépôt. Malgré mes soins, je n'ose pas
me flatter de n'avoir plus rien laissé à faire, et qu'un
autre ne trouvera pas à combler les lacunes de mon
travail. Tel quel, le cadre existe et les séries qu'il
renferme n'en ont pas moins leur utilité et leur
intérêt.

Je me suis efforcé de les rendre exactes. J'ai tran-
scrit les noms tels que je les ai relevés, et si je n'ai
pas indiqué les sources, c'est pour éviter de faire
de ces listes un instrument de travail encombrant
et désagréable à manier.

Celle qui m'a donné le plus de mal, c'est celle des
prévôts. Eclairé par l'expérience, je n'y ai admis
que ceux de ces officiers qui m'étaient fournis par
les documents. A deux noms près, que je donne en
italique, ils confirment l'existence de tous les prévôts
mentionnés par les chroniques, il est vrai, pas toujours aux mêmes dates. Quoique ils aient échappé
à mes propres recherches, je n'ai pas hésité à inter-
caler quelques-uns de ces magistrats signalés par

M. J. Dietrich à M. J. Liblin qui, sur ce témoignage autorisé, les a admis dans sa Chronique de Colmar.

Pour cette première série, j'ai pensé qu'il suffirait de la prolonger jusqu'à l'époque (1521) où le prévôt commence à participer au renouvellement annuel, et n'est plus que stettmestre.

Quant au second catalogue, il comprend tous les magistrats, quelle que soit leur dénomination, dont le libre choix de la bourgeoisie avait fait les représentants élus de la cité. Pour le quatorzième siècle, leurs noms sont très-clairsemés. Ce n'est qu'à partir de 1408, date à laquelle remontent nos listes annuelles du renouvellement, que la série, bornée aux seuls obristmestres, à moins d'indications contraires, se poursuit presque sans interruption jusqu'aux derniers temps de l'existence de l'ancienne commune.

LISTE

DES PRÉVOTS ET DE LEURS LIEUTENANTS

—

1220. *André.*

1226. Walterus de Sigolseim.

1235. Marquardus scultetus.

1249. Johannes scultetus.　　1249. Conradus de Bebilin-
　　　　　　　　　　　　　　　　　　　　　　heim, vicarius.

1260. Johannes Sculthetus.

1261. Johannes scultetus.

1264. Hessi von Cvonsheim.

1267. Hesso scultetus.

1274. Heisse von Konsheim.

1278. Sifridus de Gundolz-
　　　　heim.

1281-82. Cuonrat von Keisers-
　　　　perc.

1282-83. Walther der Schult-
　　　　heize.

1285. *Stameheim.*

1286. Sifridus sculthetus dic-
　　　　tus de Gundolzhcin.

1291. Walther der Schult-
　　　　hesse.

1293. Waltherus Schultetus.

1296. C. senior de Berghem.

1299. Ruotliep von Norgas-
　　　　sen.

1300. Fridericus de Hunen-
　　　　burch.

Gœtze von Hvineburg.

1302.	Heinrich von Andelahe.		
1303.	Johan der Schulteiz.		
1304.	Heinrich von Andelahe.		
1308.	Johan der Schulthesse.		
1310.	Fredericus de Huneburg.		
1313.	Fridericus de Wangen.		
1315-17.	Johannes scultetus, Johan der Schultheisse.		
1322-23.	Hugo Schop, Hug der Schovb von Strasburg.	1323.	Walther Kusphenning vnderrichter.
1325-28.	Johan Thumherre.		
1335.	Herzog Conrad von Urselingen.	1334-37.	Conrat Lutolt, vnderrihter.
1337.	Johan Tuomherre, edel Knecht.		
1340-41.	Herzog Conrad von Vrselingen.	1340.	Wernli von Limperg, vnderrihter.
1342-47.	Werlin Küspfenninge, Kussephening, Cvssepennig.		
1347-48.	Burchard Münch der junge von Landescrone, Burkart der Münch.		
1350-51.	Johann von Randeg, ritter.	1350-51.	Henman Herbigel, vnderrihter.
1355-56.	Burkart der Münch von Landescron, der junge.	1356.	Cuoneman von Limperg, vnderschultheis.
1360.	Dislawes von der Witenmüli.	1360.	Hanman von Limperg.
1361-62.	Walther Schultheisse, ritter.	1361-62.	Fritschman von Sunthofen.
1363.	Werlin von Hadstat.		
1364-65.	Hanman am Graben.	1364.	Hanman von Limperg.
1366.	Werlin von Hadstat.		
1368.	Eppe von Hatstat.	1368-70.	Fritschman von Sunthofen.

1368-79. Cuontzman zem Ruest, zuom Ruost, edelkneht, *puis* ritter.

1380. Wilhelm Beheim.

1380-97. Peter von Sant Dyedat, Peterman von Sant Diedat, ritter.

1398-1400. Johan Würmlin.
1401-03. Hanman Erlin.

1404. Eppe von Hadstat.
1404-06. Hanman Erlin.
1406-12. Eppe von Hadstat.
1412-24. Hanman Würmelin.

1425. Marqwart vom Ruost.
1426. Claus Westerman, genant zem Balmen.
1427-35. Claus, Clauwelin Swartz.
1435-37. Heinrich Steffan.
1438-43. Claws Swartze.
1446-51. Walther Thurant.
1451-81. Claus Würmelin.
1481-82. Hanns Hütter.
1482-83. Hanns Fulweisz.
1483. Bartholome Widergrin
1484-86. Meilichior Martin.
1487. Hanns Fülweis.
1487-88. Hanns Hüter.
1489-90. Thoman von Sultz.
1490-92. Hanns Hüter.

1371-76. Ruefelin Watman.

1377-78. Wetzel zer Runse.
1379. Cuonrat Ramung (?)
1384-87. Uolman Vincke.
1387. Wetzel zer Runse.

1388. Ruefelin Wavtman.
1391-93. Heinrich Bescheler.
1393-95. Peter von Steinbrugke, von Steinibrugke.
1396. Heinrich Bescheler.
1396-98. Peter von Steinbrugke.

1401-02. Rulman von Sunthofen.

1404-12. Hanman Coler, Koler.

1412. Claws Wirt.
1412-14. Heinrich Steffan.
1414-16. Claus Westermann.
1416-23. Claus, Clawlin Breytenhein.

1425. Peter Klüppfel.

1469. Conrat Wickram, stattschreiber.

1492.	Hannsz Fülweisz.
1493.	Thoman von Sultz.
1494-95.	Hanns Fulweiss.
1496-97.	Thoman von Sultz.
1498-1500.	Hanns Ruol.
1501.	Thoman von Sultz.
1501.	Hanns Fulweisz.
1502.	Hans Ruol.
1502-07.	Ludwig Hützsch.
1508.	Jerg Krusz.
1508-11.	Claus Itelysen.
1511.	Claus Steynung.
1512-13.	Ludwig Hutsch.
1514-15.	Claus Steynung.
1517.	Conrat Wickram.
1517-19.	Ludwig Hutzsch.
1519-21.	Hanns Matistel.

LISTE

des

BOURGMESTRES ET DES OBRISTMESTRES

————

1296. Walther de Sleztat, magister burgensium.

1302. Eberhart von Andelahe,

Conzeman zvome Rvsste, rittere.

Sifrit Rebeman,

Burcart der Meiger,

. Burgermeistere.

1312. Johannes Mcfleisch, burger meister.

1317. Ruleman Esel.

1344. Wernli von Limperg der meister.

1346. Johan Tuomherre der meister.

1348. Peter Koch der elter, ammanmeister,

Werlin von Limperg der meister.

1352. Peter Koch der amman meister.

1361. Peter Koch der meister.

1363. Meister Hannz Wurmelin.

1369. Clawelin Egelolf der meister,

Franze Nefe der meister.

1370. Hanman am Graben der meister.

1371. Hanman am Graben der meister,

Franze Nefe der meister,

Claus Egelolf der meister.

1372. Franze Nefe der meister.

1373. Frantz Nefe der meister.

1375-77. Hanman am Graben der meister.

1378. Hanman Zipolt der meister,

Wernher von Wittenhein, genant Gigenagel, ritter, der meister.

1379. Andres Glogkener der meister,

Hanman Zipolt der meister.

1380. Hanman Zipolt der meister,

Walther von Stamhein der meister, edelknecht,

Andres Glogkener der meister.

1381. Hanman Zipolt der meister.

1382. Frantze Nefe der meister.

1383. Hanman Wurmelin der meister,

Walther von Stamhein, edelkncht, der meister.

Erlin Turant der meister.

Frantz Nefe der meister.

1385. Frantze Nefe der meister.

Henman am Graben der meister.

1386. Henman Am Graben der meister.

Henman Grulle der meister.

1387. Hanman Grulle der meister.

Clawelin Egelolf der meister.

1388. Hanman Grulle.

1390. Walther von Stamhein, edelknecht, der meister.

1391. Hanman Am Graben der meister,

Hanman Grülle der meister.

1392. Claus Engel der meister.

1393. Hanman am Graben der meister.

1394. Claus Engel der meister.

1395. Walther von Stamhein, edelknecht, der meister.

Claus Engel der meister.

1396. Claus Engel der meister.

1398. Hanmann Am Graben der meister.

Claus Engel der meister.

1400. Ruotsch Amgraben der meister.

1401. Hanman Am Graben der meister.

1402. Ruotsche Am Graben der meister.

1403. Conrat von Wittenhein, ritter, der meister.

1404. Hanneman Wurmelin der meister.

1406. Meister Ruotsche Am Graben.

Meister Claws Engel.

1407. Claws Engel der meister.

1408. Rütsch am Graben.

1409. Walther Ffulweisse.

1410. Ruotsche Am Graben der meister.

Walther Fulweisse der meister.

1411.	Hanman Erlin der meister.	1434.	Diebolt Huoter.
1412.	Hanman Erlin der meister,	1435.	Claus Swartz.
	Margwart zem Ruoste, der meister,	1436.	Gilge Kempffe.
	Walther Fulweysse der meister.	1437-38.	Diebolt Huoter der alte.
1413.	Hanman Erlin der meyster,	1439-40.	Gilge Kempffe.
	Margkwart vom Ruoste der meyster,	1441.	Diebolt Huoter der alte.
	Walther Fulweis der meister.	1442.	Gilge Kempffe.
1414.	Hanman Erlin (*magister scabinorum*).	1443.	Diebolt Huoter der alte.
1415.	Werlin Würmlin.	1444.	Claus Swartz.
1416.	Hanman Erlin.	1445.	Gilge Kempffe.
1417.	Werlin Würmlin.	1446.	Diebolt Huoter der alte.
1418.	Hanman Erlin.	1447.	Gilge Kempffe.
1419.	Werlin Würmlin.	1448.	Claus Swartz.
1420.	Hanman Erlin.	1449-50.	Werlin Tichte.
1421.	Werlin Würmlin.	1451.	Walther Thurant.
1422.	Martin Cuoneman.	1452.	Hanns Fulweysz.
1423.	Walther Fulweise der meister.	1453.	Diebolt Kempffe.
1424.	Gilge Kempfe.	1454.	Hanns Fulweyzs.
1425.	Martin Cuoneman.	1455.	Walther Thurant.
1426.	Oswalt Zipolt.	1456.	Michel Würmlin.
1427.	Martin Cuoneman.	1457.	Walther Thurant.
1428.	Oszwalt Zipolt.	1458.	Michel Würmlin.
1429.	Martin Cuoneman der meister,	1459.	Hanns Fulweisz.
	Oszwalt Zipolt der meister.	1460.	Ludwig Kesselring.
1430.	Oswalt Zipolt.	1461.	Hanns Fullweysz.
1431.	Gilge Kemppfe.	1462.	Ludwig Kesselringk.
1432.	Diebolt Huoter.	1463.	Hanns Fulweysz.
1433.	Margwart vom Ruost der meister,	1464.	Ludewigk Kesselringk.
	Claus Keser der meister.	1465.	Hanns Fulweysz.
		1466.	Ludwigk Kesselringk.
		1467.	Hanns Hütter.
		1468.	Ludewigk Kesselringk.
		1469.	Hanns Fulweis.
		1470-79.	Ludewigk Kesselringk.
		1480.	Hans Hutter.
		1481.	Ludwigk Kesselringk.
		1482.	Hanns Hutter.
		1483.	Ludwig Kesselringk.
		1484.	Hanns Hutter.
		1485.	Ludwig Kesselring.
		1486.	Hanns Hutter.

1487.	Meilchor Martin.	1530.	Cünrat Wickgram.
1488.	Ludewig Kesselring.	1531.	Hieronimus Boner.
1489.	Hanns Hutter.	1532.	Cünrat Wickgram.
1490.	Ludwigk Kesselring.	1533.	Hieronimus Boner.
1491.	Jœrg Ringelin.	1534.	Cunrat Wickgram.
1492.	Hanns Hutter.	1535.	Hieronimus Boner.
1493-94.	Jorge Ringelin.	1536.	Cunrat Wickgram.
1495.	Hanns Rule.	1537.	Hieronymus Boner.
1496.	Jorge Rungelin.	1538.	Cunrad Wickram.
1497.	Thoman von Sultz.	1539.	Hieronimus Boner.
1498.	Jorge Ringelin.	1540.	Cünradt Wickram.
1499.	Ludwig Hutzsch.	1541.	Hyeronimus Boner.
1500.	Jorige Ringelin.	1542.	Cunrat Wickgram.
1501.	Ludewigk Hutsche.	1543.	Hieronimus Boner.
1502.	Jorige Ringelin.	1544.	Mathis Gintzer.
1503..	Jorige Kruse.	1545.	Hieronymus Boner.
1504.	Jorige Ringelin.	1546.	Mathis Gintzer.
1505.	Jorige Kruse.	1547.	Hieronimus Boner.
1506.	Claus Ytelysen.	1548.	Mathis Güntzer.
1507.	Ludewig Hutsch.	1549.	Ruprecht Kriegelstein.
1508.	Jorige Ringelin.	1550.	Jerg Vogel.
1509.	Ludewigh Hutsche.	1551.	Mathis Güntzer.
1510.	Jorige Cruse.	1552.	Ruprecht Kriegelstein.
1511.	Cunrat Wichram.	1553.	Jerg Vogel.
1512.	Hanns Mattistel.	1554.	Mathis Güntzer.
1513.	Cünrat Wychram.	1555.	Joseph Hecker.
1514.	Ludwigh Hütsch.	1556.	Ruprecht Kriegelstein.
1515.	Cünrat Wickramm.	1557.	Mathis Güntzer.
1516.	Ludwig Hutsch.	1558.	Georg Vogel.
1517.	Cünrat Wyckram.	1559.	Mathis Ber.
1518-20.	Veltin Affil.	1560.	Mathis Gintzer.
1521.	Hanns Matistell.	1561.	Georg Vogel.
1522.	Hanns Ruch.	1562.	Mathis Ber.
1523.	Cunradt Wickgram.	1563-64.	Michel Bueb.
1524.	Ludwig Hutsch.	1565.	Mathis Ber.
1525.	Peter Olfftze.	1566.	Michel Bueb.
1526.	Cünradt Wickram.	1567.	Hanns Goll.
1527.	Hieronimus Boner.	1568.	Mathis Bær.
1528.	Cunradt Wickgram.	1569.	Michel Bueb.
1529.	Hieronimus Boner.	1570.	Hanns Goll.

1571.	Ma'his Bær.	1604.	Ludwig Krüegelstein.
1572.	Michel Bueb.	1605.	Sebastian Wilhelm Linck.
1573.	Hanns Goll.		
1574.	Michel Bueb.	1606.	Elias Wetzel.
1575.	Hanns Goll.	1607.	Ludwig Kriegelstein.
1576.	Michel Bueb.	1608.	Sebastian Wilhelm Linck.
1577.	Beat Hennszleinn.		
1578.	Hanns Goll.	1609.	Jacob Buob.
1579.	Michel Bub.	1610.	Elias Wetzel.
1580.	Beatt Henszlein.	1611.	Ludwig Krüegelstein.
1581.	Hannsz Goll.	1612.	Sebastian Wilhelm Linck.
1582.	Beatt Hennszlein.		
1583.	Hanns Goll.	1613.	Jacob Buob.
1584.	Sebastian Wilhelm Linck.	1614.	Elias Wetzel.
		1615.	Ludwig Krüegelstein.
1585.	Beatt Hennszlein.	1616.	Jacob Buob.
1586-87.	Hanns Goll.	1617.	Elias Wetzel.
1587-88.	Sebastian Wilhelm Linck.	1618-19	Ludwig Krüegelstein.
		1620.	Elias Wetzel.
1589.	Ludwig Kriegelstein.	1621.	Ludwig Krüegelstein.
1590.	Mattern Espach.	1622.	Elias Wetzel.
1591.	Sebastian Wilhelm Linck.	1623.	Ludwig Krüegelstein.
		1624.	Elias Wetzel.
1592.	Ludwig Kriegelstein.	1625.	Ludwig Kriegelstein †.
1593.	Mattern Espach.		Daniel Birr.
1594.	Sebastian Wilhelm Linck.	1626.	Elias Wetzel.
		1627.	Daniel Bür.
1595.	Ludwig Krüegelstein	1628.	Johann Jacob Bart.
1596	Sebastian Wilhelm Linck.	1629.	Mathias Güntzer.
		1630.	Johann Jacob Barth.
1597.	Ludwig Krüegelstein.	1631.	Johann Obrecht.
1598.	Sebastian Wilhelm Linck.	1632.	Johann Jacob Barth.
		1633.	Conrad Orttlieb.
1599.	Ludwig Krüegelstein.	1634.	Niclaus Sandherr.
1600.	Sebastian Wilhelm Linck.	1635.	Conrad Ortlieb.
		1636.	Jonas Walch.
1601.	Ludwig Krüegelstein.	1637.	Conrad Ortlieb.
1602	Sebastian Wilhelm Linck.	1638.	Jonas Walch.
		1639.	Conrad Ortlieb.
1603.	Elias Wetzel.	1640.	Jonas Walch.

20

1641.	Conrad Ortlieb.	1685.	Ambrosius Riegger.
1642.	Jonas Walch.	1686.	Frantz Seraffon.
1643.	Conradt Ortlieb.	1687.	Ambrosius Rieggert.
1644.	Jonas Walch.	1688.	Frantz Scraffont.
1645.	Johann Heinrich Mogg.	1689.	Ambrosius Riegger.
1646.	Niclaus Birckinger.	1690.	Frantz Seraffond.
1647.	Johann Heinrich Mogg.	1691.	Ambrosius Riegger.
1648.	Johann Dürninger.	1692.	Frantz Seraffond.
1649.	Johann Heinrich Mogg.	1693.	Ambrosius Riegger.
1650.	Johann Dürninger.	1694.	Johann Jacob Madamé.
1651.	Johann Heinrich Mogg.	1695.	Ambrosius Riegger.
1652.	Johann Burger	1696.	Johann Johner.
1653.	Johann Heinrich Mogg.	1697.	Ambrosius Riegger.
1654.	Daniel Birr.	1698.	Frantz Seraffond.
1655.	Johann Heinrich Mogg.	1699.	Johann Benedict
1656-57.	Daniel Birr.		Schneider.
1658.	Johann Henric Mogg.	1700.	Johann Jacob Madamé.
1659.	Daniel Birr.	1701.	Johann Benedict
1660.	Johan Henric Mogg.		Schneider.
1661.	Andreas Sandherr.	1702.	Johann Jacob Madamé.
1662.	Johan Jacob Rieggert.	1703.	Johannes Buob.
1663.	Andreas Sandherr.	1704.	Nicolaus Scheppelin.
1664.	Johann Jacob Rieggert.	1705.	Johann Benedict
1665.	Andreas Sandtherr.		Schneider.
1666.	Johann Jacob Riegger.	1706.	Johann Jacob Madamé.
1667.	Andreas Sandtherr.	1707.	Johann Buob.
1668.	Johann Jacob Riegger.	1708.	Johann Frantz Johner.
1669.	Andreas Sandtherr.	1709.	Johann Benedict
1670.	Johann Jacob Riegger.		Schneider.
1671.	Andreas Sandtherr.	1710.	Nicolas Scheppelin.
1672.	Johann Jacob Riegger.	1711.	Georg Benjamin
1673-74.	Andreas Sandtherr.		Gloxin.
1675-76.	Heinrich Klein.	1712.	Johann Jacob Madamé.
1677-78.	Ambrosius Rieggert.	1713.	Johannes Buob.
1679.	Andreas Sandherr.	1714.	Franciscus Joner.
1680.	Ambrosius Riegger.	1715.	Georg Benjamin
1681.	Andreas Sandherr		Gloxin.
1682.	Frantz Seraffond.	1716.	Frantz Joner.
1683.	Ambrosius Rieggert.	1717.	Johannes Buob.
1684.	Frantz Seraffondt.	1718.	Franciscus Joner.

Stettmestres sans distinction d'office.

1712.	Johann Rodolph Graff.
1714.	Georg Scharlapaur.
1716.	Joh. Tanner.
1719.	Johann Ulrich Goll.
	Niclaus Rœttlin.
1722.	Johann Heinrich Fried.
1725.	Johann Georg Müller.
1728.	Johann Conrad Pfeffel.
1731.	Peter Basque.
1733.	Joh. Jacob Rieden.
1738.	Andreas Bentz.
1747.	Joseph Bruder.
1750.	Emmanuel Rœttlin.
1751.	Jean Louis Bich.
1755.	Mathias Sandherr.
1760.	Jean Baptiste Queffemme.
	Philippe Théodore Drouineau.
1765.	Joh. Ulrich Goll.
1766.	Stephan Meyer.
1771.	Christian Friederich Pfeffel.

1774.	Joh. Jacob Lung.
1775.	Mathias Sandherr.
1785.	François Joseph Marc Delort.
1782.	François Xavier Chauffour.
1785.	Johannes Buob.
1786.	François Xavier Valentin Müeg.
1788.	Nicolaus Sandherr.

Préteurs royaux.

1686.	Paul Duvaillé.
1690.	Vœgtlin.
1695.	Franciscus Dietreman.
1729.	Mathias Müller.
1748.	François Antoine Müller.
1762.	Joseph Antoine Jean Chrysostome François Xavier Müller.
1781.	François Xavier Sommervogel.

TABLE DES NOMS DE LIEUX

TABLE DES NOMS D'HOMMES.

CATALOGUE

OUVRAGES SUR L'ALSACE

édités par

L'IMPRIMERIE J. B. JUNG A COLMAR

Chronique des dominicains de Guebwiller, publiée sous les auspices du Conseil municipal de cette ville, avec une notice historique sur la ville, par M. X. Mossmann. 1 vol. grand in-8° de LIX, 491 pages. . . . . 15 —

Il ne reste qu'un très petit nombre d'exemplaires de cet ouvrage.

Hans Stoltz's Vrsprung und Anfang der Statt Gebweyler. Sagen- und Tagebuch eines Burgers von Gebweyler, zur Zeit des Bauernkrieges. Publié avec une préface et des notes, par Julien Sée. 1 vol. 2 5o

Johann Joner's Notanda. Tägliche Notizen eines Stettmeisters von Colmar zur Zeit Ludwigs des XIV (1698-1705). Publié avec une préface et des notes par Julien Sée. 1 vol. . . . . . . 3 —

— **Recherches sur la constitution de la Commune à Colmar**. 1 beau vol. grand in-8° imprimé en caractères elzéviriens sur papier teinté.

— **Scènes de mœurs colmariennes au temps de la guerre de Trente-Ans**. In-8° (épuisé.)

MERCKLEN (l'abbé P. A.) — **Les écoles et les écoliers d'autrefois en Alsace**. Discours prononcé à la distribution des prix du Gymnase catholique de Colmar, le 6 août 1872. (épuisé.)

— **L'abbé Charles Martin**, premier directeur du Gymnase catholique de Colmar. Sa vie et ses œuvres, avec une préface de M. l'abbé J. Guthlin. Edition ornée d'un portrait photographié. 1 vol. 3 75

— **Les boulangers de Colmar** (1495-1513). Episode inédit de l'histoire des coalitions ouvrières en Alsace au moyen-âge. (épuisé).

— **Mélange d'histoire et de littérature en Alsace** 1 vol. (épuisé).

E. DURWELL. — **Aperçu géologique du canton de Guebwiller**. Mémoire honoré d'une médaille de bronze par la Société industrielle de Mulhouse. Ouvrage accompagné d'une carte géologique du canton . . . . 3 —

L. BRUNNER (l'abbé). — **Jacques Baldé, le grand poëte de l'Alsace**. Notice historique et littéraire . . . . o 5o

IV

G. FRANTZ — **La dame de Hungerstein,** fragment de l'histoire de Guebwiller . . . . . . o 5o

A. INGOLD. — **Dusselbach-Husselbach,** légende alsacienne . . . . o 5o

J. MANGOLD. — **Colmererditschi Gedichtler.** I. Theil . . . . i 5o

— **Colmererditschi Comédie** (s' lob vom ledige Stand. — Hans und Grethala. — Die dreifach Hochzitt ém Bâsethal).

Ces livres se trouvent chez tous les libraires. Ils seront envoyés franco et contre remboursement, à toute personne qui en fera la demande.

DU MÊME AUTEUR

Chronique des Dominicains de Guebwiller. — Guebwiller, G. Brückert, 1844, in-8°.

Analyse de la relation manuscrite d'un pèlerinage à Jérusalem et au mont Sinaï, entrepris en 1604 par Sébastien Schach, de Strasbourg. — Colmar, V° Decker, 1846, in-16.

La Vie d'un savant au seizième siècle, extraits des mémoires de Thomas Platter. — Colmar, Ch.-M. Hoffmann, 1847, in-12.

Notice biographique sur M. L. Blanchard. — Colmar, V° Decker, 1847, in-8°.

La Réforme à Colmar. — Colmar, V° Decker, 1852, in-8°.

Murbach et Guebwiller, Histoire d'une abbaye et d'une commune rurale d'Alsace. — Guebwiller, J. B. Jung, 1866, in-12.

Etude sur l'histoire des Juifs à Colmar. — Colmar, Eug. Barth, 1866, in-8°.

La Guerre des six deniers à Mulhouse. — Paris, V° Berger-Levrault et fils, 1868, in-8°.

Les Anabaptistes à Colmar (1534-1535). — Colmar, Eug. Barth, 1869, in-8°.

Contestation de Colmar avec la France (1641-1644). — Colmar, Eug. Barth, 1869, in-8°.

Notes et Documents tirés des archives de la ville de Colmar. — Colmar, J. B. Jung, 1872, in-8°.

Notice sur Dornach. — Mulhouse, V° Bader et C°, 1872, in-8°.

Un chef de bande des guerres de Bourgogne. — Mulhouse, V° Bader et C°, 1873, in-8°.

Scènes de mœurs colmariennes du temps de la guerre de Trente ans. — Colmar, V° J. B. Jung, 1875, in-8°.

www.ingramcontent.com/pod-product-compliance
Lightning Source LLC
Chambersburg PA
CBHW070858030726
47504CB00005B/1377